平台治理2.0

共同富裕时代数字经济治理转型

于凤霞　著

电子工业出版社

Publishing House of Electronics Industry

北京·BEIJING

图书在版编目（CIP）数据

平台治理 2.0：共同富裕时代数字经济治理转型／于凤霞著. —北京：电子工业出
版社，2022.4

ISBN 978-7-121-43074-9

Ⅰ.①平… Ⅱ.①于… Ⅲ.①电子商务－商业企业管理－研究－中国 Ⅳ.①F724.6

中国版本图书馆 CIP 数据核字（2022）第 039255 号

责任编辑：缪晓红

印　　刷：北京天宇星印刷厂

装　　订：北京天宇星印刷厂

出版发行：电子工业出版社

　　　　　北京市海淀区万寿路 173 信箱　　邮编：100036

开　　本：720×1 000　1/16　印张：11.25　字数：157 千字

版　　次：2022 年 4 月第 1 版

印　　次：2022 年 4 月第 1 次印刷

定　　价：88.00 元

凡所购买电子工业出版社图书有缺损问题，请向购买书店调换。若书店售缺，
请与本社发行部联系，联系及邮购电话：（010）88254888，88258888。

质量投诉请发邮件至 zlts@phei.com.cn，盗版侵权举报请发邮件至 dbqq@phei.com.cn。

本书咨询联系方式：（010）88254760。

聚变时代的治理创新

站在 2022 年年初的节点上，如果有一副数字化眼镜可以帮助我们看清未来，一定会有两个大大的关键词清晰地呈现在眼前：数字聚变和数字化转型。这两个关键词也代表了两大发展趋势：一个聚变的时代正在到来，数字化转型成为下一个十年的主旋律。在这样的大背景下，治理创新就成了应有之义。

▲ 从数字冬奥看数字聚变

2022 年的北京冬奥会有很多看点，数字科技的应用从头至尾都引人注目。从数字胸卡、数字雪花、数字人民币到 5G 高铁、数字场馆、上万平方米的 LED 开幕式场地，从智能交通管制、智能服务机器人到三维运动员追踪技术、360 度高清图像、云上冬奥等，大量数字黑科技的广泛应用促成了数字冬奥的华丽转身。

数字技术应用在冬奥会上的集中亮相不是偶然的。需求产生供给是第一定律，有些问题需要解决，当然就要求技术创新要跟上。无论是首次承办冬奥会，还是新冠肺炎疫情防控严要求，或是为了展示新形象，都给中国提出了许多新需求，没有创新就无法满足这些需求。投入决定产出是第二定律，政府引领科技公司和研发机构加大创新力度也是功不可没的。有报道显示，2016 年 11 月，科技部联合北京市政府、河北省政府、北京冬奥组委、国家体育总局等研究制定了《科技冬奥（2022）行动计划》，围绕零排供能、绿色出行、5G 共享、智慧观赛、运动科技、清洁环境、安全办赛、国际合作等方面开展工作，在国家重点研发计划中设立了 80 个"科技冬奥"重点专项，同时梳理已有先进技术在北京冬奥会上集成应用。企业不会放过新发展空间是第三定律，许多企业借力冬奥会加速科技研发和新产品推广。这几种力量结合在一起，冬奥会上的黑科技集中亮相就顺理成章了。

可以说，这是数字科技在体育尤其在大型赛事中引发的一次集聚创新，也使得体育产业实现了一次完美的数字聚变。更为重要的是，这些科技创新在满足冬奥会需求的同时，促成了中国数字创新达到一个新的高度，使得中国在数字体育领域一举登上世界高峰。更为重要的是，这些技术还将在更多领域获得新的应用和发展。

集聚创新并不只发生在体育赛事领域，由数字技术深化应用引发的聚变几乎在经济社会发展的方方面面都正在发生着。

在过去的十年中，人工智能、大数据、云计算等技术经过多年的积累终于迎来了辉煌时刻，成为经济和社会发展最活跃、最重要的驱动力。随着智能手机的出现，移动互联网完美地实现三级跳，移动生活成为新常态。数字经济开始从量变走向质变，正在重塑现代经济体系。在数字变革的推动下，全球竞争格局、产业竞争格局、企业竞争格局都发生了重大变化，数字能力正成为重构竞争优势的核心竞争力。我们真真切切地感受到了生产、生活和治理方式的深刻变化，但这一切才刚刚开始。

综合技术、需求、变化、政策等各要素发展趋势，未来十年数字变革的影响将进一步深化和放大。新冠肺炎疫情的出现凸显了数字经济的优越性，成为数字经济的加速器。就业形态、就业模式、就业方法、工作意义都将发生明显改变，灵活就业成为更多人的选择。数字化生存环境进一步改善，智能家居可能成为多数家庭的标配。基于互联网的公共服务设施、服务体系、保障能力更加完善、普及。从生活到生产，虚拟与现实的界限被一一打破，财富的创造和分配模式也将因之而发生重大变化。

种种迹象表明，一个聚变的时代正在到来。

▲ 从数字聚变看数字化转型

由一系列数字技术集中应用引发的系统性、整体性变化就是数字聚变。当所有领域都发生数字聚变时，就标志着一个聚变的时代已经来临。聚变发生时，我们熟悉的一切都需要重新理解，重新定义。适应聚变，就要进行数字化转型。所谓数字化转型，就是一个全面数字化的过程。

数字化转型是一个渐进的过程，但新冠肺炎疫情的暴发无疑使得这个过程骤然加速了。新冠肺炎疫情造成的影响还在持续，人们已经看到，新冠肺炎疫情实际上是对全社会应急能力、治理能力、数字化生存能力的大考验、大检阅、大培训。新冠肺炎疫情引发了新的数字化需求，一大批数字化黑科技、灰科技或应运而生，或找到了新的用武之地，行程码、健康码、红外测温仪、非接触服务机器人等大行其道。新冠肺炎疫情改变了很多人对数字化的认知，提升和强化了很多人的数字化生存能力。传统企业加速从线下转到线上，过去很多看似不可能搬到网上的业务现在在网上也做得很好。在世界范围内，各国政府都更加注重利用技术来不断优化和提升新冠肺炎疫情冲击下的日常服务体系。在新冠肺炎疫情下，严重依赖线下场景的企业受冲击最严重，而数字化基础好、线上运营能力强的企业展现出了强大的发展韧性和巨大的潜力。

从一定意义上说，以"数字战疫"为标志，人类社会开始进入数字化全面转型的新阶段。国家、城市、产业、企业乃至个人发展的数字化转型都在加速进行中，新冠肺炎疫情对数字经济的发展起到了加速和催化作用。预计下一个十年，全球数字经济发展将呈现加速发展态势，数据要素作为新型生产要素将对国民经济产生叠加、倍增、放大作用。数字化、网络化、智能化不断催生新产业、新业态、新模式，平台经济、产业互联网、共享经济、个性化定制等将进一步普及。

数字化转型是全面转型，是全要素、全流程的全面数字化。我们至少可以从三个维度理解数字化转型：一是全面的技术加持，即最大限度地融合应用多种数字技术。这些数字技术包括发酵中的技术、成熟的技术、孕育中的技术等。对于这些技术的集成应用也有多种表述方法，比如数字化、网络化、数据化、智能化、平台化、生态化、个性化、共享化等。二是全面的数据驱动，即所有要素都要全面实现数据驱动。这些要素包括直接要素（如自然资源、劳动力等），也包括间接要素（如资金、管理、信息等）。三是全面的能力提升，包括所有业务及其各环节的能力创新和提高（如研发、设计、生产、销售、服务、投资、合作等）。

▶ 从数字化转型看治理创新

数字化转型的过程也是全面创新的过程。技术融合、数据融合、产品融合、产业融合、产销融合、虚实融合将持续催化出新产品、新产业、新业态、新模式，与此同时，也在引发国家、区域、产业、企业等不同层面和主体之间竞争格局的变化，带来一些新的问题、挑战、矛盾，甚至冲突。

近几年对平台经济的监管有趋强之势，针对的主要问题包括但不限于以下几个方面：网络平台尤其是超级平台的影响力越来越大，平台垄断风险不容忽视；数据要素的作用越大，数据治理的难度也会随之增加，挑战前所未有；算法等技术应用在带来高效率的同时，正在对人类形成另一种"控制"……消除潜在风险和应对新的挑战，需要所有国家、企业和每个人一起努力。

从未来发展趋势看，数字变革引发的以下风险需要在平台治理中予以重视。

一是平台垄断不容忽视。随着平台经济的全面深入发展，互联网平台越来越广泛地参与到市场资源配置中来，在各类经济社会活动中发挥着重要的组织和协调作用。同时，网络双边效应会导致形成"赢者通吃"的市场格局，大型平台滥用市场支配地位、限制自由竞争规则，形成数字垄断，传统反垄断制度体系受到挑战。数字经济带来的全球性税基侵蚀、利润转移问题对现有国际税收规则形成冲击，引起了许多国家的担忧和不满。数字平台在运营过程中积累了海量数据，由此带来的数据滥用、隐私泄露等问题不容忽视。数字技术深化应用还会带来新的道德、伦理和社会问题，比如人工智能有可能会引发的大规模失业问题、安全事件责任认定的困难、算法偏见与信息茧房、算法操纵公众舆论与干预政治等。

二是数据治理难度加大。随着数字化转型步伐的加快，生活中的每个人、生产作业中的每台机器每时每刻都在产生大量数据，数据安全不仅关乎个人信息安全，更关乎国家安全。全球数据治理"在矛盾中前行，在混沌中探索"，面临诸多难题。由于理论缺失、手段不足、前景不明，该限制还是该促进发展、强调保护还是强调流动、如何做好域内管辖和域外管辖等都成为两难选择。在数字贸易、数据流通、数字税收、数字货币、平台竞争、平台责任、新型劳动关系、人工智能伦理等诸多重要议题上，世界主要国家和地区提出的治理方案差异很大，甚至彼此冲突，形成新的全球性治理体系难度加大。

三是算法监管迫在眉睫。算法为人类行为赋能，但受所输入数据的质量及算法模型本身的限制，内在地嵌入了人类正面或负面的价值观，并能动地制造着各种风险后果。经过长期的数据沉淀和算法优化，你的手机和经常使用的 App 在某些方面确实会比你的家人、好友甚至你本人更了解你。这就意味着，当我们在利用算法的时候，也不自觉地成为被算法计算的对象。以至于有学者发出提醒：我们的生活已经悄悄地被算法和数据所控制，算法与数据将接管整个社会。就像机器流水线有可能凌驾于劳动工人之上一样，当今无处不在的算法如果应用不当，也有可能成为一种凌驾于人之上的力量，为人和社会发展带来新的风险。

四是新就业保障不足。伴随着平台经济快速发展而出现的新就业形态使得越来越多的人可以依照自己的兴趣、技能、时间及拥有的各种资源，以自雇型劳动者身份灵活就业。新就业形态因其较高的包容性和灵活性，引发越来越多的关注，在稳定和增加就业方面也被寄予厚望。但新就业形态还有它备受争议的"另一面"。资本的逐利性、技术创新应用的隐蔽性，使得劳动者的劳动过程受到更加强势的控制，也造成了劳资之间新的不平衡，劳动者权益保护面临新的挑战和威胁。面对数字化、平台化快速发展带来的劳动者权益保障不足的问题，有研究观点认为，互联网平台的发展导致出现了"平台资本主义"，平台就业成员成为"数据劳动力""数据苦力"。

平台经济需要治理已经成为共识，但如何做到科学有效治理才是大学问。让现代信息技术真正造福人类并带来源源不断的创新动能，而不是带来更严重的社会不公、焦虑，甚至恐慌，我们必须做出选择。

这本书梳理了为应对平台经济发展带来的风险和挑战，我国乃至其他国家和地区在平台监管方面的探索和创新，分析了这些实践对未来平台经济发展可能产生的影响和未来平台治理的发展趋势，相信会对相关政策研究和制定、平台企业发展等相关方有所启迪。

是为序。

张新红

2022 年 2 月于北京

CONTENTS

目　录

数字经济：进入做强做优做大新阶段

　　2021 年 10 月 18 日，中共中央政治局就推动我国数字经济健康发展进行第三十四次集体学习，习近平总书记在主持学习时发表了重要讲话。此次关于数字经济的讲话有三个方面的亮点：一是强调了发展数字经济对于我国构建新发展格局、建设现代化经济体系和构筑国家竞争新优势的战略意义，重申"发展数字经济是把握新一轮科技革命和产业变革新机遇的战略选择"；二是从核心技术攻关、新型基础设施建设（以下简称"新基建"）、数字经济和实体经济融合发展等方面，阐述了我国数字经济发展的重要任务，即"充分发挥海量数据和丰富应用场景优势，促进数字技术与实体经济深度融合，赋能传统产业转型升级，催生新产业新业态新模式，不断做强做优做大我国数字经济"；三是突出强调了如何规范发展数字经济，要"坚持'促进发展'和'监管规范'两手抓、两手都要硬，在发展中规范、在规范中发展"。

　　值得注意的是，2016 年 10 月 9 日，习近平总书记在主持中共中央政治局第三十六次集体学习时强调："世界经济加速向以网络信息技术产业为重要内容的经济活动转变。我们要把握这一历史契机，以信息化培育新动能，用新动能推动新发展。要加大投入，加强信息基础设施建设，推动互联网和实体经济深度融合，加快传统产业数字化、智能化，做大做强数字经济，拓展经济发展新空间。"对于数字经济的描述，从五年前的"做大做强"发展到今天的"做强做优做大"。此次重要讲话为未来一段时期我国数字经济发展指明了方向，也意味着我国数字经济发展进入了做强做优做大新阶段。

1.1 国家竞争新优势基石

当今世界正经历百年未有之大变局，国际经济、科技、文化、安全、政治等格局深刻调整。数字经济成为全球大变局下可持续发展的新动能。尤其是近两年，受突发新冠肺炎疫情影响，一方面，新技术在各国疫情防控过程中发挥了重要的作用，面对更加不稳定、不确定的世界经济复杂局面，数字经济展现出强劲的韧性，远程医疗、在线教育、共享平台、协同办公、跨境电商等服务得到更加广泛的应用。世界主要国家对科技的重视程度明显提高，在科技前沿领域纷纷加快战略布局，抢占科技、经济制高点；另一方面，新一代信息技术呈现出向经济社会各个领域加速渗透和应用的发展态势，新产业、新业态、新模式不断涌现，数字经济快速扩张。世界主要国家围绕新型基础设施建设与投资、新一代信息技术的深化应用及与各行业的深度融合等，纷纷进行新的战略布局，试图抢抓新一代技术革命和产业变革的先机。

据不完全统计，自 2021 年 2 月以来，美国白宫、国会、国防部、国立卫生研究院等多个部门累计发布科技、经济战略部署文件或报告 28 份，主要涉及人工智能、量子科技、5G/6G、新能源、先进计算、云计算、生物医药、太空技术等领域。欧盟发布科技经济战略部署文件或报告 12 份，涉及人工智能、量子科技、5G/6G、网络安全、关键原材料、电池生态系统等领域，试图在绿色经济和数字化经济中掌控关键材料技术，在国防领域保护成员国安全，以及在推动美欧共性技术合作上做出努力[1]。英国发布科技、经济战略部署文件或报告 5 份，在量子科技、网络安全、人工智能、尖端技术改造农业、合成生物学、石墨烯等领域有所布局。日本试图加快 5G 基础设施建设，并开始布局 6G，目标是用 10 年时间改变在 5G 研发上不占优势的现状，并在 6G 上实现反超，同时进行量子科技等八大领域基地建设，推动量子技术实用化。韩国主要关注人工智能、大数据、区块链、5G/6G、生物健康、清洁能源、量子技术、"无接触经济"、支持中小企业发展等[2]。

联合国贸易和发展会议（UNCTAD）的《2019 年数字经济报告》认为，引领数字经济发展的企业和数字基础设施几乎全部集中在美国和中国，全球排名前 70 位的平台企业的总市值，美国企业占 68%，中国企业占 22%，中美两国拥有区块链技术相关专利的 75%，占物联网相关支出额的 50%以上、云计算市场的 75%以上。自 2016 年以来，美国政府先后出台《联邦大数据研发战略计划》《国家人工智能研究和发展战略计划》《维护美国人工智能领导力的行政命令》等，聚焦前沿技术，重点关注大数据、人工智能、物联网、数字孪生体等关键技术研发，试图抢占数字化产业链条中附加值高的部分，确保其未来 10~20 年数字技术的领先地位。2020 年 3 月，美国发布《5G 安全国家战略》，推动 5G 及更高版本的更先进技术的发展，谋求与盟友合作引领 5G 技术发展和部署的主导权，以权力维护 5G 领域技术优势，

---

1 肖尧，刘霏霏，唐乾琛，等. 2020 年世界前沿科技发展态势及展望（上）[J]. 军民两用技术与产品，2020（10）：18-26.

肖尧，刘霏霏，唐乾琛，等. 2020 年世界前沿科技发展态势及展望（下）[J]. 军民两用技术与产品，2020（11）：20-27.

2 秦铮，周海球，刘仁厚. 后疫情时代全球科技创新趋势与建议 [J]. 全球科技经济瞭望，2021（8）：15-19.

夯实其在网络领域的霸主地位。

在疫情冲击和经济下行的背景下，新基建投资有望发挥逆周期调节作用，同时也有助于增进新经济动能。美国、英国、德国、日本等主要国家都在积极布局新基建，涉及大数据中心、人工智能、工业互联网等诸多领域。《美国先进制造业领导力战略》明确了制造业的领导产业地位，旨在通过扩大制造业规模扶持其发展；《欧盟人工智能战略》将人工智能作为欧盟未来发展核心，部署相关领域的研发、规范及投资规划等；英国《产业战略：人工智能领域行动》提出，要切实推动人工智能发展，要建设世界创新型经济体，加强政企合作，增加人工智能在公共事业领域的应用；开发数据共享框架，建设人工智能基础设施；形成人工智能产业园区集聚等。德国《高技术战略 2025》提出，要推进机器学习能力，从数据中创造新价值；提升高等院校的技术能力，设立人工智能教授岗位，激发创新活力；加强人工智能等技术的实际应用能力，成立数据伦理委员会，对人工智能及其数字发展建设基本框架。日本《综合创新战略》提出，要加强不同产业和领域的信息互通联接，尤其是官民之间的合作；计划在三年内建成数据合作基础，五年内投入使用，等等。

做强做优做大数字经济上升为我国重大战略部署。习近平总书记多次强调，要构建以数据为关键要素的数字经济，在创新、协调、绿色、开放、共享的新发展理念的指引下，推进数字产业化、产业数字化，引导数字经济和实体经济深度融合。我国数字经济发展策略日益完善。

在国家层面，党的十九大提出要建设网络强国、交通强国、数字中国、智慧社会。2020 年年底召开的中央经济工作会议指出，要大力发展数字经济。从推进新基建、大数据发展、工业互联网、数字政府建设、加强数字化治理、推动全球数字经济合作交流等多个方面开展数字经济发展的重大战略部署。

2020年11月，《中共中央关于制定国民经济和社会发展第十四个五年规划和二〇三五年远景目标的建议》综合考虑未来一个时期国内外发展趋势和我国发展条件，对"十四五"时期我国发展做出系统谋划和战略部署，并用一个整篇的内容勾勒出我国数字化发展和数字中国建设新体系，包括打造数字经济新优势、加快数字社会建设步伐、提高数字政府建设水平、营造良好数字生态四个方面。可以说，建设"数字中国"是总目标；发展数字经济、建设数字社会和数字政府是三个主要组成部分，也是"数字中国"建设的主要推进路径；营造良好数字生态则意味着要为"数字中国"建设提供政策和制度保障。将"打造数字经济新优势"单列成章，发展数字经济成为未来 10 年我国实现高质量发展的关键和重要抓手，并提出了未来数字经济重点发展的七大产业，即云计算、大数据、物联网、"工业互联网+"、区块链、人工智能、虚拟现实和增强现实。可以预见，未来人工智能、大数据、区块链和云计算等新技术应用步伐将加快，并赋能和深刻改变传统行业，一系列与数字经济相关的政策有望陆续出台。

相关部委也积极贯彻落实国家战略，相继出台了《关于发展数字经济稳定并扩大就业的指导意见》《关于推进"上云用数赋智"行动 培育新经济发展实施方案》《关于深化新一代信息技术与制造业融合发展的指导意见》《数字乡村发展战略纲要》等政策举措，为各领域数字经济发展提供了指引。国家发展和改革委员会（以下简称"国家发改委"）于 2019 年启动了国家数字经济创新发展试验区建设，围绕解决数字经济发展关键问题开展针对性改革试验探索，形成一批可操作、可复制、可推广的典型做法，进一步发挥示范引领和辐射带动作用，有力支撑现代化经济体系建设和经济高质量发展，提升国家治理体系和治理能力现代化水平。

各地方立足本地比较优势，因地制宜，细化落实。绝大多数省市都出台了数字经济相关的发展规划、指导意见、促进条例、实施方案。地域特色突出的地方政策进一步激发了数字经济创新发展活力，成为带动各地经济高质量发展的重要指引。

1.2　新发展格局与数字经济

党的十九届五中全会明确提出，要加快构建以国内大循环为主体、国内国际双循环相互促进的新发展格局，更多依靠科技创新，实现稳增长和防风险长期均衡。加快构建以国内大循环为主体、国内国际双循环相互促进的新发展格局，是根据我国发展阶段、发展环境、发展条件变化做出的战略决策，是事关全局的系统性深层次变革。

从经济循环理论角度看，一个国家经济发展水平和持续发展能力取决于经济循环能力，即包括生产、分配、流通和消费在内的闭环链条循环往复的速度和质量。我国提出"双循环"发展战略和构建新发展格局，是在综合考量我国经济发展新阶段特征和错综复杂的国际环境变化基础上做出的长远战略选择，也是未来我国经济高质量发展的核心框架。

从国内经济发展阶段来看，过去很长一段时间里，由于我国经济发展水平相对较低，因此注重发挥劳动力等生产要素低成本优势。在快速发展的经济全球化进程中，我国积极参与国际经济大循环和国际分工，建立起市场和资源"两头在外"的发展模式，推动国内经济高速增长。经过长期努力，我国人均 GDP 已超过 1 万美元，经济发展水平大幅提升，社会发展的主要矛盾、社会需求结构、生产函数等都发生了重大变化，生产体系内部供需脱节和循环不畅的问题开始显现。长期以来，以嵌入国际大循环为主的、外需主导的经济造成了我国对外部需求和科技转移的双重依赖，使得国内产业链基础脆弱、技术创新和品牌创新受限，以及关键核心技术受制于人和"卡脖子"等问题日益突出。要解决这些问题，迫切需要我们根据国内经济发展阶段的变化，及时做出调整，以创新作为经济发展的核心驱动力，不断提高供给质量和水平。

从国际环境变化来看，2008 年国际金融危机后，世界经济陷入持续低迷，国际经济大循环动能出现弱化。西方主要国家贸易保护主义抬头，全球化遭遇逆流。尤其是突发的新冠肺炎疫情产生了广泛且深远的影响，逆全球化趋势更明显，全球产业链、供应链都面临重大冲击。在不断加速的新一轮科技革命和产业变革影响下，世界贸易和产业分工格局也在发生重大调整。面对日益复杂多变的国际环境，我们必须在参与国际经济大循环的同时，不断畅通国内循环，以持续提高我国经济发展的自主性和韧性。

构建"双循环"新发展格局，核心是要畅通国内大循环，降低对外依赖度，以国内大循环为基础参与国际大循环；同时，利用国际大循环促进国内大循环，国内国际"双循环"相互促进，最终实现经济高质量发展。在构建新发展格局的新阶段，该如何发展经济？习近平总书记曾在安徽考察时指出，要深刻把握发展的阶段性新特征新要求，坚持把做实做强做优实体经济作为主攻方向，一手抓传统产业转型升级，一手抓战略性新兴产业发展壮大，推动制造业向数字化、网络化、智能化加速发展，提高产业链供应链稳定性和现代化水平。党的十九届五中全会明确提出，"推进数字产业化和产业数字化，推动数字经济和实体经济深度融合，打造具有国际竞争力的数字产业集群。"数字经济新业态新模式将在构建新发展格局中发挥重要作用。

发展数字经济有助于进一步激发居民潜在的消费需求。截至

2021 年 6 月，我国网民规模达 10.11 亿人，互联网普及率达 71.6%[3]。随着生活水平的提高，人们对消费品有更高的要求，需要有个性化的、多样化的、高品质的消费品。以互联网为代表的信息技术大大扩展了市场边界，经济活动的生产组织和交易不再受到地域和时间限制，远程非接触交易成为现实，这就给原本无法得到满足的潜在需求的实现提供了重要的技术支撑，从而可以极大地拓展市场需求空间。另外，依托信息技术发展起来的诸如个性化定制等新模式，使得满足越来越多居民的个性化需求成为现实，未来个性化消费市场空间巨大。在疫情冲击下，网络购物、在线教育、互联网医疗、在线娱乐等数字消费领域实现了逆势快速增长，成为当前创新最活跃、增长最迅速、辐射最广阔的新兴消费领域。企业数字化、智能化加速转型，将进一步激发人们对网络零售、云服务、在线教育和医疗等的线上消费需求，"线上 + 线下"深度融合的新零售业态呈现出蓬勃发展态势，从一二线大城市不断向低线城市及广大农村快速扩张，持续激发和释放我国超大规模市场不同层次群体的消费潜力。

数据显示，近年来我国电子商务交易额持续快速增长，2020 年达到 37.2 万亿元，比 2015 年增长 70.8%；网上零售额达到 11.8 万亿元，年均增速高达 21.7%[4]。网络购物成为居民消费的重要渠道，实物商品网上零售额对社会消费品零售总额增长贡献率持续提升，带动相关市场加快发展。快递业务量从 2015 年的 206.7 亿件增至 2020 年的 833.6 亿件，非银行支付网络支付交易额从 2015 年的 49.5 万亿元增至 2020 年

---

3 中国互联网络信息中心.第 48 次中国互联网络发展状况统计报告[R/OL].2021.9.

4 商务部，中央网信办，国家发改委."十四五"电子商务发展规划[R/OL].2021.10.

294.6 万亿元，均稳居全球首位。国家电子商务示范基地、示范企业引领作用明显。企业竞争力不断增强，占据 2020 年电子商务企业全球市值前 5 名中的 4 名。

网络支付业务规模持续增长，在有效满足消费者购物、出游、餐饮等需求方面发挥了重要作用，成为促消费、扩内需的重要保障。截至 2021 年 6 月，我国网络支付用户规模达 8.72 亿人，占网民整体的 86.3%[5]。截至 2021 年第一季度，银行共处理网络支付业务 225.3 亿笔，金额 553.5 万亿元[6]，网络支付交易额再创新高。随着数字人民币试点工作的推进，截至 2021 年 6 月，数字人民币试点场景超过 132 万个，覆盖生活缴费、餐饮服务、交通出行、购物消费、政务服务等领域；开立个人钱包 2087 万余个、对公钱包 351 万余个，累计交易 7075 万余笔，金额约 345 亿元[7]。

从国际市场上看，数字经济"无边界、全球化、全天候"等市场特征有助于打破国家与国家之间交易的物理障碍，降低交易成本和提高交易效率。数字贸易的发展使得国内消费者可以便利地通过各种移动终端选购世界范围内的商品，不断增加消费者福利，满足人民日益增长的物质和文化生活需要。我国拥有庞大的人口规模和网民基数，可以通过需求的"长尾效应"释放出巨大的市场潜力，不断丰富人们的需求层次，提升消费质量和水平，在有效刺激消费的同时不断促进居民消费升级。由数字经济催生的新产业、新业态、新模式，也在不断激发和创造新的消费需求。

---

5 中国互联网络信息中心. 第 48 次中国互联网络发展状况统计报告［R/OL］. 2021.9.

6 中国人民银行. 2021 年第一季度支付体系运行总体情况［EB/OL］. 2021.

7 中国人民银行. 中国数字人民币的研发进展白皮书［R/OL］. 2021.7.

数字经济发展有助于扩大投资需求，从而为经济内循环不断注入新活力。在经济发展受到突发疫情严重冲击的背景下，新基建被寄予厚望。2020 年 4 月 28 日，国务院总理李克强主持召开国务院常务会议，部署加快推进信息网络等新基建，推动产业和消费升级。会议指出，要加快信息网络等新基建，"以一业带百业"，既助力产业升级、培育新动能，又带动创业就业，利当前、惠长远。会议进一步提出，要根据发展需要和产业潜力，推进信息网络等新基建；创新投资建设模式，坚持以市场投入为主，支持多元主体参与建设，鼓励金融机构创新产品强化服务；加强政府引导和支持，为投资建设提供更多便利，从而明确了新基建的投资模式。

新基建是我国未来投资的重要组成部分，5G、大数据等建设不仅是信息产业发展和数字经济发展的基础，而且是落实网络强国发展战略的重要基础。加大新基建，尤其是数字基础设施建设，还能够对其他制造业和服务业起到带动效应。新基建投资既能在短期内为经济增长助力，从长远看也可以激发更多新需求、培育更多新业态，从而为经济发展提供源源不断的动力，并推动经济结构优化和升级。

以 5G 为例，目前 5G 已跨过标准制定、研发试验阶段，进入落地应用阶段，形成了全球统一标准，系统、芯片、终端等产业链各环节均已达到商用水平。5G 的商用推广不仅能提升我国网络基础设施和智能设备的技术水平，还能加速物联网、人工智能等新兴领域的发展。可以预见，未来 5G 建设的基础性投资将大大增加。招商证券预测，在 5G 时代，国内三大运营商的总投资额为 1650 亿美元，相比4G 时代的 1100 亿美元，总规模增长约 50%。除了基础性投资，5G 还将发挥强大的引领作用，拉动产业链上下游行业加大信息技术投资，包括设备制造商、终端制造商、芯片厂商及 5G 应用场景相关厂商等。德勤的研究报告指出，2020—2035 年，全球 5G 产业链投资额预计将达到约 3.5 万亿美元，其中我国 5G 产业链投资额约占 30%。

发展数字经济有助于我们充分把握新一轮科技革命契机，加速推进核心技术自主可控和产业转型升级，从供给侧建立完备的产业体系。我国高技术领域目前尚存在较为突出的短板，自主研发能力不足，关键技术和芯片等核心零部件一直以来过度依赖进口，成为掣肘我国打通国际国内"双循环"的重大障碍。大力发展数字经济是我国实现技术方面突破和突围、摆脱国际市场分工地位被锁定在低端的困境的有效途径，在近年来以美国为首的发达国家对我国试图进行技术封锁和打压的新形势下尤其如此。只有摆脱对其他国家的技术产业发展路径的依赖，通过自主创新实现产业转型升级，才可能真正建立起经济"双循环"发展新格局。

1.3　释放数据要素价值

刘鹤副总理曾指出，"数据"作为生产要素，反映了随着经济活动数字化转型加快，数据对提高生产效率的乘数效应凸现，成为最具时代特征新生产要素的重要变化[8]。

纵观人类经济发展史，生产要素在经济社会发展中具有基础性、先导性、全局性作用和重要影响。不同的社会发展阶段有其不同的关键生产要素，这些关键生产要素都对经济发展释放了强劲动能，催生生产技术和组织变革，推动着时代发展变迁。随着社会生产发展变化、技术手段更迭，新的生产要素进入生产过程，生产要素的结构和形态也在发生变化，并直接影响着经济增长的动力。当前，人类社会正加

---

8 刘鹤. 坚持和完善社会主义基本经济制度［N］. 人民日报，2019.

速进入数字经济时代，数据从一种战略性资源，发展成为继土地、劳动力、资本、技术之后最活跃的关键生产要素，对经济发展、社会治理、国家管理、人民生活产生重要影响。数据生产要素可以对传统生产要素发生价值倍增、配置优化、投入替代等多种作用，并发挥对经济社会价值创造的乘数效应。

构建新发展格局的重要内容是，要打通生产、分配、流通、消费等经济循环中存在的"堵点"，解决其面临的"痛点"，并形成需求牵引新供给、供给创造新需求的动态平衡。在这个过程中，数据作为新的生产要素，将发挥重要作用。充分发挥数据要素的作用，利用丰富的数据资源提升市场有效性，更好地调节市场上的供需均衡；同时，不断积累的市场交易数据又可以进一步反哺机器学习、大数据分析和人工智能等数据分析技术，通过平台经济更精确地匹配交易的供需双方，强化市场的资源配置功能，提升市场匹配效率，从而帮助解决经济循环中存在的结构性梗阻、供需错配等问题，促进供需关系的良性循环。数字技术的深化应用，可以助力供给侧结构性改革措施的落地实施，如深化数字技术应用以拓展和延伸产业链，构建更加完善的产业体系；利用算法技术和算力来提升各个生产要素之间的互联互通，帮助实现要素市场的资源优化配置，推动资源高效流转，进一步释放微观市场主体的活力，不断形成开放、合作、竞争的现代化市场体系。

我国高度重视发展大数据，提升社会数据资源价值。习近平总书记明确提出，"要构建以数据为关键要素的数字经济""发挥数据的基础资源作用和创新引擎作用"。国务院于 2015 年发布《促进大数据发展行动纲要》，实施国家大数据战略。党的十九届四中全会首次提出将数据作为生产要素参与分配，赋予数据新的使命。党中央、国务院发布的《关于构建更加完善的要素市场化配置体制机制的意见》和《关于新时代加快完善社会主义市场经济体制的意见》进一步明确数据作为新型生产要素的基础性和战略性地位，提出了促进数据作为生产要素市场化配置和激活数据资源价值等要求。这些战略部署为充分释放数据要素价值指明了方向，提供了重要指导。

从需求侧来看，一方面，通过数据要素可以帮助实现全方位的用户精准画像，为有效满足居民个性化消费需求提供支撑和依据，并不断激发且满足新需求；另一方面，大数据、人工智能等新技术的深化应用不断培育出信息消费、智能消费等新消费业态，促进人们的消费方式转变和消费结构优化。透过屏幕，就能在线 VR 全景看房、选房；通过手机，既能远程控制冰箱随意转换储鲜模式，也能在上班途中操控洗衣机；足不出户，就能在线问诊，获得优质医疗服务……各种智能终端成为人们日常生活必需品，宽带网络服务能力不断提升，基于数据挖掘的推送式服务不断普及，人们的消费模式和生活方式正在潜移默化中发生转变。

疫情暴发后，基于互联网的新消费对经济增长的作用更加凸显。2021 年春节期间，各大互联网平台通过数字化手段为就地过年的群众提供消费供给，网络平台大大拓宽了人们的"消费半径"。2021 年 2 月 17 日，阿里巴巴、京东、美团等平台发布春节消费报告，"就地过年"催生诸多消费新现象：线上年夜饭和外卖火了，游戏手柄、消费电子产品高速增长。阿里巴巴春节消费报告显示，随着"90 后""00 后"初掌年货置办权，年货消费模式更加年轻化、品牌化、智能化。在年货订单中，扫地机器人、擦窗机器人等"黑科技"年货消费增速同比超过 100%、300%，洗地机更是大涨 18 倍。京东大数据显示，从大年三十至正月初五，年夜饭礼盒、年货礼盒、方便菜、烧烤食材等消费成交额同比增长 90%，春节期间酒类消费成交额同比增长 2～3

倍。美团数据显示，春节期间，"1 人食"的订单量同比增长 68%[9]。

2020 年 3 月，国家发改委等 23 部门联合发布《关于促进消费扩容提质 加快形成强大国内市场的实施意见》，其中提到了发放数字消费券。数字消费券是一种新的生产函数，融合了数据、算法、算力等数字新要素，在促进市场创新和技术创新的同时提高附加消费，扩大国内消费支出规模。

从供给侧来看，数据要素可以帮助支撑生产环节的数字化改造，推动工业加速实现智能感知、精准控制的智能化生产。以新一代信息技术与制造技术深度融合为特征的智能制造模式，正在引发新一轮制造业变革。从生产手段上看，数字化、虚拟化、智能化技术将贯穿产品的全生命周期；从生产模式上看，柔性化、网络化、个性化生产将成为制造模式的新趋势；从生产组织上看，全球化、服务化、平台化将成为产业组织的新方式[10]。

2018 年 4 月，习近平总书记在全国网络安全和信息化工作会议上强调，要推动产业数字化，利用互联网新技术新应用对传统产业进行全方位、全角度、全链条的改造，提高全要素生产率，释放数字对经济发展的放大、叠加、倍增作用；要推动互联网、大数据、人工智能和实体经济深度融合，加快制造业、农业、服务业数字化、网络化、智能化进程。关于智能制造的发展，习近平总书记强调，要以智能制造为主攻方向推动产业技术变革和优化升级，推动制造业产业模式和企业形态根本性转变，以"鼎新"带动"革故"，以增量带动存量，

---

9 温婷. 消费火了，大数据揭秘新"年味"［EB/OL］. 2020.

10 李克强. 催生新的动能，实现发展升级［J］. 新华文摘，2016（1）.

促进我国产业迈向全球价值链中高端[11]。

2020 年 4 月，国家发改委等发布的《关于推进"上云用数赋智"行动　培育新经济发展实施方案》中提出的发展目标是，深入推进企业数字化转型，打造数据供应链，以数据流引领物资流、人才流、技术流、资金流，形成产业链上下游和跨行业融合的数字化生态体系，构建设备数字化—生产线数字化—车间数字化—工厂数字化—企业数字化—产业链数字化—数字化生态的典型范式。

改革开放 40 多年来，我国制造业规模迅速扩大，已成为世界第一制造大国，主要工业产品的产量居世界首位，具有工业体系完整、国内市场巨大、人力资源丰富等优势。但我国制造业大而不强，自主创新能力不足，产品附加值不高，总体处于国际产业链和价值链的中低端。与发达国家在工业 3.0 基础上迈向工业 4.0 不同，我国不仅要追赶工业 4.0，还要在工业 2.0、工业 3.0 方面"补课"[12]。尤其在当前，逆全球化和新冠肺炎疫情冲击着全球供应链，我国产业发展面临劳动力成本不断上升等多重压力，制造业发展面临新的挑战，传统要素红利在减弱，原有产业发展方式的不可持续性日益凸显，亟待转型。这就需要深入推进数字化转型，释放数据要素价值，以数据要素为纽带，将物理世界和信息世界无缝连接和深度融合，通过对产业运行的数字化改造，帮助实现全产业链条的智能化决策和资源动态优化配置，从而提高产业全要素生产率，推动整个行业和产业的高质量发展。

智能技术支撑下的数据驱动企业，能够以各种非接触方式感知商

---

11 习近平在中国科学院第十九次院士大会、中国工程院第十四次院士大会上的讲话［N］. 2018-05-28.

12 李克强. 催生新的动能，实现发展升级［J］. 新华文摘，2016（1）.

业状态。当网络可以为不同的场景订制时，人们对企业、员工、客户的了解将发生巨大变化。5G 感知网络为企业提供了一个神经系统，这个神经系统能够帮助企业进化，帮助企业形成能够预测客户需求和感知员工状态的"更强大脑"。从这角度来说，未来企业将越来越像一个生命体，最重要的能力就是预知能力，预知客户的下一个购买行为，预知员工的状态，形成企业的智能和企业的大脑。企业数字化、智能化转型加速，越来越多的企业主动布局和加大对数字化、智能化的投入，以期获得价值增值和数字红利。

1.4　激发"三新"经济新动能

在我国，新产业、新业态、新商业模式生产活动的集合简称"三新"经济。"三新"经济"新"在哪儿？国家统计局指出，新产业指应用新科技成果、新兴技术而形成一定规模的新型经济活动，具体表现为新技术应用产业化直接催生的新产业、传统产业采用现代信息技术形成的新产业等；新业态指顺应多元化、多样化、个性化的产品或服务需求，依托技术创新和应用，从现有产业和领域中衍生叠加出的新环节、新链条、新活动形态，具体表现为以互联网为依托开展的经营活动等；新商业模式指为实现用户价值和企业持续盈利目标，对企业经营的各种内外要素进行整合和重组，形成高效并具有独特竞争力的商业运行模式，具体表现为将互联网与产业创新融合，把硬件融入服务，提供消费、娱乐、休闲、服务的一站式服务等。

近年来，在创新驱动发展战略引领下，我国科技创新能力不断增强，新产业、新业态、新商业模式蓬勃发展，适应多样化消费需求，促进形成高品质供给，日益成为推动高质量发展的强大动力源。

　　"三新"经济本身就是经济发展的新引擎。国家统计局的数据显示，2017—2020 年，我国"三新"经济增加值从 129578 亿元增长到 169254 亿元，占国内生产总值（GDP）比重从 15.7%提高到 17.08%。尤其是 2020 年，尽管受到新冠肺炎疫情的巨大冲击和严峻复杂国际形势的影响，但是我国"三新"经济增加值比 2019 年增长 4.5%。

　　消费新业态、新模式持续快速发展。国家统计局的数据显示[13]，2020 年，我国电商平台交易额达到 37.2 万亿元，同比增长 4.5%。消费需求不断释放，新消费模式拉动网络消费快速增长。2020 年，全国网上零售额 11.76 万亿元，比 2019 年增长 10.9%。其中，实物商品网上零售额增长 14.8%，占社会消费品零售总额的比重为 24.9%，比 2019 年提高 4%。为适应疫情防控要求下出现的消费新需求，网络零售新业态不断涌现，消费场景深入拓展，线上消费快速发展。2020 年，全国网购替代率为 81.0%。2021 年 1—5 月，实物商品网上零售额两年平均增长 15.6%，明显快于社会消费品零售总额的增速。

　　"三新"经济是赋能传统产业转型升级的重要力量。新经济是数字技术和传统产业深度融合的产物，应对新冠肺炎疫情进一步增加了融合的速度和深度。一大批新产业、新业态和新模式的快速涌现，正在日益深刻地改进着生产要素和资源的配置方式，改变着人们的生产模式和生活方式，提高了经济运行效率和社会整体福利。"三新"经济的发展壮大正在加速传统产业转型升级，助推实体经济高质量发展。国家统计局的数据显示，在 2020 年"三新"经济中，第一产业增加值为 7423 亿元，同比增长 11%，占比 4.39%；第二产业增加值为 73487 亿元，同比增长 4.3%，占比 43.42%；第三产业增加值为 88345

---

　　13 国家统计局统计科学研究所所长闫海琪解读 2020 年我国经济发展新动能指数. http://www.stats.gov.cn/tjsj/sjjd/202107/t20210726_1819836.html.

亿元，同比增长 4.2%，占比 52.2%。

装备制造业和高技术制造业呈现集群化、信息化和智能化发展态势，战略性新兴服务业快速增长。国家统计局的数据显示[14]，2020 年我国战略性新兴产业增加值占 GDP 比重为 11.7%，比 2019 年提高 0.2 个百分点，比 2014 年提高 4.1 个百分点。其中，规模以上工业战略性新兴产业增加值比 2019 年增长 6.8%，比规模以上工业增加值增速快 4.0 个百分点。高技术制造业增加值比 2019 年增长 7.1%，比规模以上工业增加值增速快 4.3 个百分点，占规模以上工业增加值的比重为 15.1%，比 2019 年提高 0.7 个百分点。2020 年，我国高技术产品出口额增长 6.5%，占出口总额的比重为 29.94%，比 2019 年提高 0.68 个百分点。2020 年，通过电子商务交易平台销售商品和服务的"四上"企业占比为 11.07%，比 2019 年提高 0.55 个百分点。2020 年，天然气、水电、核电、风电等清洁能源消费量占能源消费总量的 24.3%，比 2019 年提高 1.0 个百分点。

技术的迭代更新是数字经济发展的动力源，5G、大数据、人工智能、区块链等新技术不断演进升级，与传统行业的技术融合深度、广度不断加深，赋能作用持续加强，创造的应用场景日益丰富。近年来，我国在深入把握技术演进规律和发展趋势的基础上，不断强化政策引导，数字经济发展的政策重点从"互联网+"发展到"5G+""智能+"等新领域。为打造 5G 融合应用新产品、新业态、新模式，为经济社会各领域的数字化转型、智能升级、融合创新提供坚实支撑，工业和信息化部等十部门联合印发《5G 应用"扬帆"行动计划（2021—2023 年）》，从标准体系构建、产业基础强化、信息消费升级、行业应用深化、社

---

14 国家统计局统计科学研究所所长闫海琪解读 2020 年我国经济发展新动能指数. http://www.stats.gov.cn/tjsj/sjjd/202107/t20210726_1819836.html.

会民生服务、网络能力强基、应用生态融通、安全保障提升等方面提出了八大专项行动和四大重点工程，明确了主要突破方向，以及需要产业各方合力推动的重大事项。《工业互联网创新发展行动计划（2021—2023 年）》结合当前产业发展实际和技术产业演进趋势，确立了未来三年我国工业互联网发展目标；提出了五方面、十一项重点行动和十大重点工程，着力解决工业互联网发展中的深层次难点、痛点问题，推动产业数字化，带动数字产业化。未来我国数字经济发展更大的需求来自工业制造业和农业等实体经济领域，传统产业转型升级将呈现加速态势。

"三新"经济成为我国经济增长的重要"稳定器"。近年来，我国经济增速放缓，2011 年以后增速下降到 10% 以下。除了经济总量扩大导致基数提高，新旧动能转换过程中的传统经济增长乏力也是原因之一。与此形成鲜明对比的是，以"三新"经济为主体的新动能蓬勃发展，对于"稳增长"发挥着更加重要的作用。国家统计局数据显示[15]，2015—2020 年，我国经济发展新动能指数对比上年的增速从 19.6% 提高到 35.3%。经济发展新动能指数逐年攀升，表明我国经济发展新动能加速发展壮大，经济活力进一步释放。新经济成为缓解经济下行压力、推动高质量发展的重要动力。"三新"经济持续快速发展，既是我国经济高质量发展的客观要求，也是经济高质量发展的重要体现。

---

15 国家统计局统计科学研究所所长闾海琪解读 2020 年我国经济发展新动能指数. http://www.stats.gov.cn/tjsj/sjjd/202107/t20210726_1819836.html.

1.5　发展与规范"两手抓、两手都要硬"

　　未来，无论是加快构建"双循环"的新发展格局，还是推动我国经济高质量发展，都对数字经济发展提出了更大需求和更高要求。尽管近年来数字经济增加值在我国 GDP 中的占比不断提升，但相对经济总量而言还是偏低；在新业态新模式发展过程中也出现了新的问题和挑战。我国数字经济在提升全社会资源配置效率、推动技术创新和产业变革、促进国内经济循环各环节贯通、提升人民群众生活便利度的同时，平台垄断、竞争失序、无序扩张等问题也逐步显现，不仅带来影响市场公平竞争、抑制创新活力、损害中小企业和消费者合法权益、妨碍社会公平正义等隐忧，甚至给数据安全、信息安全、经济安全和社会公共利益安全带来风险。习近平总书记曾指出，在新常态下，要实现新发展、新突破，制胜法宝是全面深化改革，全面依法治国。数字经济同样是法治经济，在其发展过程中需要注意防范技术应用和模式创新带来的风险和问题，要在发展中规范，在规范中发展。

　　数字经济监管需要将维护市场公平竞争作为重中之重。竞争机制是市场竞争发展的基础，因此竞争政策应当是数字经济发展过程中的基础性政策。平台经济在发展过程中，由于网络效应和规模效应的存在，极易出现"一家独大""赢家通吃"的市场结构。获得垄断地位的平台企业，很容易在市场竞争中滥用其所处的市场支配地位，对广大中小微市场主体形成排挤，严重限制市场竞争和阻碍创新。尤其是随着新技术手段的应用，新业态、新模式不断涌现，平台企业不正当竞争行为越来越隐蔽，在对企业违规行为及其不良影响后果的判定方面更加复杂。这些都对数字经济监管制度建设和监管执法提出了新的挑战。因此，在推动和规范数字经济发展的同时，需要重构监管体系，进一步突出竞争政策基础地位，并构建起全方位、多层次、立体化的监管体系。

习近平总书记在 2021 年 10 月 18 日的重要讲话中明确指出，要规范发展数字经济。坚持促进发展和监管规范"两手抓、两手都要硬"，在发展中规范、在规范中发展。促进发展与监管规范"两手抓、两手都要硬"，这是我国数字经济做强做优做大的重要保障。未来我国关于数字经济领域的监管规范有以下几个重点。

一是建立全链条全领域监管体系。未来，我国数字经济监管将更加注重提高事前预防能力，从健全市场准入制度，到完善公平竞争审查制度、公平竞争监管制度。对市场竞争状况监测评估和预警制度也将日益健全。在反垄断领域，公平竞争审查制度将不断完善，竞争失序风险研判和识别预警、对经营者集中反垄断审查等都将进一步加强，从而不断提高监管的前瞻性、针对性、有效性。

二是强化监管执法。重点领域包括反垄断和防止资本无序扩张、损害群众利益、侵犯平台从业人员合法劳动权益等。尤其是在维护市场竞争和保证竞争政策基础性地位方面，会加大对垄断和不正当竞争行为的查处力度。主要目的在于推动形成大中小企业良性互动、协同发展的良好格局，为企业特别是中小企业持续健康发展创造更大发展空间，进一步激发各类市场主体的活力，更好发挥我国超大规模市场优势，增强高质量发展动能。

三是构建多方参与的数字经济治理体系。政府主管部门、监管机构的职责会进一步明确，并加强部门之间的分工合作和协同监管。新兴技术和数据等将在政府监管过程中发挥重要作用，相关的监管和治理将贯穿创新、生产、经营、投资全过程。同时，将进一步压实平台企业主体责任，来自社会、媒体和公众的监督也将成为数字经济治理体系的重要组成部分。

数字经济监管的根本目的是促进数字经济高质量发展。与传统工业经济相比，数字经济发展有着明显不同的经济特征和运行规律，而且各种技术创新速度快，应用模式层出不穷，如何有效监管数字经济发展实际上考验着相关部门的智慧。但需要注意的是，监管的根本目的是促进数字经济高质量发展，需要在政策和制度上为数字经济发展留下适当空间，鼓励企业和社会积极尝试，对"试错"采取包容审慎的态度。一方面，在监管实践中坚持"底线监管"。对于发展中出现的损害群众利益、妨碍公平竞争、侵犯平台从业人员和消费者合法权益的行为和做法，要坚决予以纠正和规范。涉及安全的问题，包括数据安全、金融安全、个人隐私保护、信息内容安全、人身安全等，都需要对相关违规行为严格监管。另一方面，在监管、规范数字经济的同时，还要注重为数字经济发展营造更好的外部环境。例如，要进一步简政放权，放开市场准入，加大财税政策支持力度；厘清政府和市场的边界，打造市场化、法治化、国际化的营商环境；大力创新金融产品和服务，进一步发挥多层次资本市场对新经济发展的作用；通过完善政策法规，鼓励、引导和支持金融机构加大对创新活动的支持，综合运用财政、赋税等工具为数字经济赋能；需要以数字政府建设为引领完善面向企业的公共服务；以推动数据共享为抓手，以改革创新打通"数据底座"，增强数字政府效能，更好地满足企业和公众对政务服务越来越高的需求。

第 2 章

反垄断的"中国选择"

2021 年 4 月 10 日，我国见证了反垄断历史上最大的罚单：阿里巴巴因其滥用市场支配地位行为而被罚款 182.28 亿元。在此之前的 2021 年 3 月 3 日，国家市场监督管理总局对橙心优选、多多买菜、美团优选、十荟团、食享会 5 家社区团购企业的不正当价格行为做出行政处罚，共计 650 万元。2021 年 3 月 12 日，国家市场监督管理总局又对涉及腾讯、百度等 12 家公司的 10 件违法实施经营者集中案，分别处以 50 万元的顶格罚单。

2021 年 10 月 8 日，在经过大约半年的立案调查之后，国家市场监督管理总局依法对美团在中国境内网络餐饮外卖平台服务市场滥用市场支配地位的行为做出行政处罚决定：责令美团停止违法行为，全额退还独家合作保证金 12.89 亿元，并处以其 2020 年中国境内销售额 1147.48 亿元 3%的罚款，共计 34.42 亿元。这是继阿里巴巴之后，第二家平台企业被处以巨额罚款。

2020 年是我国"见证反垄断工作开辟新局面、迈上新台阶"的一年。这一年，我国反垄断执法力度较 2019 年度显著增强：垄断案件结案 109 件，罚没金额约 4.5 亿元（见表 2-1）；收到经营者集中申报 520 件，立案 485 件，审结 473 件。这一年，我国通过深化民生领域反垄断执法，着力稳预期、促发展、保民生；持续完善反垄断法律体系，提速加力公平竞争制度建设，着力为经济高质量发展提供制度保障；推进竞争领域制度型开放，积极参与全球竞争治理，着力营造高水平对外开放的竞争环境；规范平台经济竞争秩序，树立反垄断执法权威，着力推动建设高标准市场体系，开创反垄断工作新局面[16]。

表 2-1　2020 年垄断案件结案数据

案件类型	结案数量（件）	罚没金额（万元）
垄断协议	16	10400
滥用市场支配地位	10	34100
违法实施集中	16	580
滥用行政权力排除、限制竞争	67	—
合计	109	45080

数据来源：国家市场监督管理总局，《中国反垄断年度执法报告（2020）》。

一系列反垄断执法密集"亮剑"，彰显出我国在平台经济新业态领域反垄断和反不正当竞争的决心和力度。互联网平台不是反垄断法外之地，全球反垄断大潮全面兴起。当反垄断成为新常态，不管是对监管部门还是对平台企业而言，其实都意味着更大的新挑战和新使命。

2.1　从我国反垄断史上最大罚单说起

2021 年 4 月 10 日，在经历四个月的"二选一"垄断案调查后，国家市场监督管理总局对阿里巴巴下发长达 26 页的《行政处罚决定书》，对其垄断行为做出行政处罚，责令其停止滥用市场支配地位行为，并处以其 2019 年销售额 4557 亿元 4% 的罚款，也就是约 182 亿元。这份《行政处罚决定书》被业内看作具有里程碑意义的文件。毕竟，就我国平台经济发展而言，阿里巴巴无疑是具有标志性意义的平台企业，对它的治理和处罚，或许还蕴含着关于我国未来电商平台甚

---

16 资料来源：国家市场监督管理总局《中国反垄断年度执法报告（2020）》。

至整个平台经济反垄断监管新动向。

我国于 2008 年 8 月 1 日正式实施的《中华人民共和国反垄断法》（以下简称《反垄断法》）中，对垄断的界定至少有三个方面：①经营者达成垄断协议；②经营者滥用市场支配地位；③具有或者可能具有排除、限制竞争效果的经营者集中。《反垄断法》还对垄断协议、滥用市场支配地位、经营者集中等情况进行了详细阐述和规定。即便如此，面对平台经济新业态，如何界定垄断仍面临着更为复杂的问题。

首先，平台企业大多具有典型的"跨界"特征，这使得关于"市场"的界定就没那么容易。比如，提供网络预约车服务的滴滴出行平台，其所在的市场究竟是出租车市场还是出行市场？目前，其在网约车市场占据很高的市场份额，这是客观事实，但在整个出行服务市场上，可能其所占的市场份额就会小很多。除了网约车，传统的出租车、公交和地铁等，都是网约车服务的潜在替代者和竞争者。对住宿分享而言，同样存在这样的困惑。

其次，对平台企业而言，市场上还存在许多制约因素，某个企业即便占有了很大的市场份额，也很难说其具有市场支配地位。比如，经济学家 William Baumol 曾经提出过一个"可竞争市场理论"。在他看来，如果市场的进入门槛足够低，也必须时刻小心地应对潜在进入者的威胁，很难说占据巨大市场份额的企业拥有市场支配地位。在共享经济模式下，不管是平台的供给方还是需求方，在不同分享平台之间的转换成本都非常低，甚至趋近于零。比如，注册小猪短租的房东也可以注册蚂蚁短租，用户同样可以很方便地在两个平台之间转换。这种在具有竞争性的多个平台间的低成本转换模式，能够有效地制约或削弱某一特定平台的市场力量，从而对平台企业形成相当的约束作用。

最后，即使平台企业占据了很大的市场份额、具有一定的市场支配地位，如果不利用市场垄断地位进行不正当竞争，不滥用市场支配地位去损害消费者利益，那么也不适用反垄断相关规则。另外，就平台而言，所拥有的用户量越大，意味着参与其中的消费者面临的选择越多，平台可能为其带来的价值就越大。从这个意义上说，即便是行业内巨头企业的合并也并不可怕，平台企业具有强大的市场力量本身是合法的，但其在市场经营和市场竞争中应当遵循《反垄断法》规定，不得打破垄断行为的边界，尤其是不能滥用市场支配地位从事排除限制竞争的行为。政府要做的就是加强对其经营行为的监管。

之所以出现上述难点，源自平台经济相对于传统经济的独特性：网络效应和双边效应。平台把生产商和消费者联系起来，足够多的买方和足够多的卖方是平台企业快速扩张的重要基础，从而实现高质量的价值交换。任何一边参与者数量的增加都会吸引另一边参与者的增加，平台的价值也就随之出现指数级扩大。一旦用户规模达到"临界点"，就会产生虹吸效应，并进一步吸引更多的新参与者，平台的价值也会随着新客户的加入而持续增加，从而不断强化正反馈循环。平台企业通常会采用各种策略来促进参与者之间关系网络的建立，努力实现网络效应的最大化，充分利用网络效应来增强自身的竞争力。在竞争中胜出的企业似乎必然实现了"赢者通吃"。

国家市场监督管理总局下达的《行政处罚决定书》的内容，可以说很好地回应了上述三个难点。

其一，如何界定调查对象所处的"相关市场"。《行政处罚决定书》基于对经营者需求替代、消费者需求替代、供给替代三个角度的分析，认为网络零售平台服务与线下零售商业服务不属于同一个相关商品市场，进而从三个方面论证了网络零售平台服务构成单独的相关商品市场，因此将阿里巴巴所在的相关商品市场界定为网络零售平台服务市场。这就意味着，对网络零售平台的监管不能简单地启用线下零售的监管法规。

其二，在此基础上，《行政处罚决定书》还依据《反垄断法》的相关规定，从七个方面详细论证和界定了阿里巴巴在相关市场上具有市场支配地位，包括市场份额超过 50%、相关市场高度集中、具有很强的市场控制能力、具有雄厚的财力和先进的技术条件、其他经营者在交易上高度依赖它、相关市场进入难度大、当事人在关联市场具有显著优势。

其三，阿里巴巴是否滥用了这一支配地位，并排除了"限制了市场竞争"呢？《行政处罚决定书》列举了一系列数据和事实，包括禁止平台内经营者在其他竞争性平台开店、禁止平台内经营者参加其他竞争性平台促销活动、采取多种奖惩措施保障"二选一"实施等，并认为这些行为违反了《反垄断法》第十七条第一款第（四）项关于"没有正当理由，限定交易相对人只能与其进行交易"的规定，构成滥用市场支配地位行为。

更重要的是，上述行为"形成锁定效应，以减少自身竞争压力，不当维持、巩固自身市场地位，背离平台经济开放、包容、共享的发展理念，排除、限制了相关市场竞争，损害了平台内经营者和消费者的利益，削弱了平台经营者的创新动力和发展活力，阻碍了平台经济规范有序创新健康发展"。

值得一提的是，利用市场支配地位强迫实施"二选一"的问题由来已久，是经常被商家投诉的相当突出的不正当竞争行为，可以说是对市场竞争秩序的公然践踏和破坏，过去几年屡屡成为舆论热点。网络空间中不正当竞争成本低、影响范围广，市场主体竞争行为的激烈程度丝毫不低于甚至远远超过线下实体市场。"二选一"的实质是通过阻碍商家的自由选择，来实现销售渠道的最大化，从而达到限制竞

争对手和垄断市场的目的。这一行为不仅会影响到行业内的有序竞
争，还会影响到整个电子商务市场的健康发展，甚至影响实体经济的
市场秩序。从长远看，不正当竞争行为能否得到有效治理，将直接影
响到平台经济新业态、新模式对经济社会转型发展作用的发挥。

此外，在各种现代技术手段的加持下，"二选一"不正当竞争行
为呈现出新特点。

一是技术性和隐蔽性。电子商务不正当竞争行为主要发生在虚拟
网络环境中，相比线下活动更难捕捉其痕迹。对电商平台上的卖家而
言，流量堪称其生命线，但平台上的流量如何分配，则由平台掌控而
且是不透明的。2019 年 "6·18" 活动期间，格兰仕就曾发过视频，
因为其拒绝 "二选一"，即使用户用 "格兰仕" 作为关键词进行搜索，
其店铺也会被屏蔽，用户被导向其他品牌的店铺中。这就意味着，对
一个品牌商而言，其积累多年的 "粉丝" 和客户，可以在转瞬间被
不留痕迹地 "清零"。这种情形在传统的线下商场是不可能出现的，
即使商户与商场出现纠纷，商场也不可能强行清空和阻拦到该商户
消费的顾客。

二是表现形式多样。《中华人民共和国反不正当竞争法》（以下简
称《反不正当竞争法》）、《中华人民共和国电子商务法》（以下简称《电
子商务法》）等法律和制度明确提出禁止 "二选一" 等不正当竞争行
为。法律制度的明令禁止和监管的介入，使得 "二选一" 不正当竞争
行为的表现形式更加多样、更加隐蔽，从过去的逐出平台，到收取各
种费用、流量限制、限制结账方式、搜索屏蔽、操纵排序算法等，而
且相关方的举证难度更大。

我们再来看一下国家市场监督管理总局对美团涉嫌实施滥用市
场支配地位的调查和认定结论。

对美团平台的全面调查于 2021 年 4 月启动，国家市场监督管理总局不仅通过多种方式提取了美团方面的相关证据材料，也对其他竞争性平台、平台内经营者及相关行业协会开展了广泛的调查取证工作，还有大量的深入核查、大数据分析、专家分析论证、当事人意见陈述等环节。最终所形成的《行政处罚决定书》对美团的垄断行为进行了详细的分析，在现行反垄断分析框架的基础上做了进一步拓展和深化，可以说为今后相关反垄断监管提供了全面的方法参考。

首先，关于美团所处的相关市场。《行政处罚决定书》中明确指出，根据《反垄断法》《国务院反垄断委员会关于相关市场界定的指南》《国务院反垄断委员会关于平台经济领域的反垄断指南》规定，同时考虑平台经济特点，结合案件具体情况，美团所处的相关商品市场为"网络餐饮外卖平台服务市场"，而网络餐饮外卖平台服务与线下餐饮服务、与餐饮经营者自营的网络餐饮外卖服务均不属于同一相关商品市场。在这个市场上，美团具备市场支配地位，且餐饮外卖市场呈高度集中的态势。2018—2020 年，美团餐饮外卖平台服务收入在整体市场中所占的份额分别为 67.3%、69.5%、70.7%；同时期餐饮外卖订单量在市场整体占比分别为 62.4%、64.3%、68.5%。

其次，关于美团在相关市场中的控制地位。《行政处罚决定书》中明确指出，美团具有控制餐饮外卖服务价格、控制平台服务者获得流量、控制平台内经营者销售渠道等多方面能力。比如，在控制平台内经营者获得流量方面，美团通过制定平台规则、设定算法、人工干预等方式，可以决定平台内经营者及其餐饮外卖商品的搜索排名及平台展示位置，从而控制平台内经营者可获得的流量，对其经营具有决定性影响。另外，美团在到店餐饮消费、生活服务、酒店旅游、出行等多个领域及餐饮外卖上下游进行生态化布局，为网络餐饮外卖平台带来更多交易机会，加深了平台内经营者对平台的依赖，进一步巩固和增强了平台的市场力量。

再次，关于美团是否滥用其市场支配地位。国家市场监督管理总局的调查结论是，自 2018 年以来，美团为了进一步提升、维持、巩固自身市场地位，滥用自身在餐饮外卖平台服务市场的支配地位，系统、全面地实施了"二选一"行为，阻碍其他竞争性平台发展，包括：通过差别费率、拖延上线等手段迫使商家签订独家协议；内部制定考核指标、特定时段和区域集中行动来排挤竞争对手；对员工进行"二选一"培训指导；督促、要求代理商、合作商协助落实"二选一"策略；等等。

《行政处罚决定书》还详细罗列了美团为了有效保障"二选一"所采取的多种措施：开发大数据系统对平台内经营者上线竞争性平台进行自动监测和处罚，综合采取多种惩罚性措施迫使平台内经营者停止与其他竞争性平台合作，向独家合作经营者收取保证金。2018—2020 年，与美团签订独家合作协议并缴纳保证金的平台内经营者累计163 万家，保证金额累计 12.89 亿元。在技术手段上，美团开发的大数据监测和分析系统的具体功能包括：自动监测平台内经营者上线其他竞争性平台情况；对上线其他竞争性平台的平台内经营者自动实施搜索降权或取消优惠活动等处罚；对一线业务人员督促平台内经营者执行"二选一"要求及处罚效果等情况进行全流程管理；对一线业务人员所负责平台内经营者签订独家合作协议完成率和履约率进行实时监测、统计和分析，并根据业务需求随时更新完善系统功能；等等。常用的处罚手段包括实施搜索降权、取消优惠活动、置休（暂停营业）、下线（关店）、调整配送范围、提高起送价格、下架菜品等，迫使平台内经营者停止在其他竞争性平台经营。

最后，关于美团的上述行为所造成的危害。《行政处罚决定书》中明确指出，美团滥用在中国境内网络餐饮外卖平台服务市场的支配地位，限制平台内经营者与其他竞争性平台合作，形成锁定效应，减少自身竞争压力，不当巩固并强化自身市场力量，排除、限制了相关市场竞争，损害了平台内经营者和消费者的利益，削弱了网络餐饮外卖平台经营者的创新动力和发展活力，阻碍了平台经济规范有序、创新健康发展。

值得一提的是，从处罚结果上看，责令美团全额退还来自 163 万家平台内经营者独家合作保证金 12.89 亿元，充分体现了反垄断监管对于广大中小企业利益和合法权益的维护，对于进一步激发市场创新活力无疑具有重要意义。近年来，大量中小企业伴随平台经济的快速发展获得了新的发展机会，但相对于大型平台而言，这些中小企业处于弱势地位，如果大型平台滥用市场支配地位的垄断行为得不到有效规范和遏制，公平竞争的市场环境必然会遭到破坏，依托平台发展起来的中小企业的合法权益也必然会遭到侵害，甚至遭遇生存危机。

阿里巴巴和美团都是当前我国平台经济领域的标杆型平台企业，此次国家市场监督管理总局对其的行政处罚将形成对电子商务市场、网络餐饮外卖市场乃至整个平台经济领域的监管执法范例。过去几年，对于平台经济新业态、新模式，我国总的政策导向是"鼓励创新、包容审慎"，在一些尚未看清的领域，往往是"监管的手慢一拍"，监管环境相对宽松。而随着新业态暴露出的问题越来越多，对问题本质及其根源的认识越来越清晰，以及制度层面的不断完善，以业内领先企业为样板进行规范化治理，必将产生广泛而深刻的经济社会影响。

2.2 走向"无序"的资本

"资本是打开现代社会秘密的一把钥匙。""离开了资本,便不能理解现代社会的形成和发展,也不能理解现代社会的矛盾和冲突。"[17]

2020 年年底,中央经济工作会议给出的关于我国平台经济发展的基本判断是:"近年来,我国平台经济迅速发展,互联网平台企业快速壮大,在满足消费者需求等方面做出积极贡献。但与此同时,市场垄断、无序扩张、野蛮生长等问题日益凸显,出现了限制竞争、赢者通吃、价格歧视、泄露个人隐私、损害消费者权益、风险隐患积累等一系列问题,存在监管滞后甚至监管空白。"

在 2021 年我国经济工作的八项重点任务中,"强化反垄断和防止资本无序扩张"成为之一。这也是中央经济工作会议首次将"强化反垄断和防止资本无序扩张"列为年度经济工作重点任务。

这里需要强调的是,要正确理解"防止资本无序扩张"的要点,防范的重点是"无序",而非"扩张"。

资本是以货币形态不断积累形成的、能够对各种社会资源和社会关系进行调整和配置的力量,是一定历史条件下的产物。资本具有逐利和扩张的固有天性,本身并没有好坏之分。资本快速扩张对经济社会发展而言是"双刃剑"。一方面,资本在逐利的动机下会主动挖掘

---

17 孙承叔. 资本与历史唯物主义——《马克思恩格斯全集》中文第二版第 30/31 卷的当代解读 [J]. 西南大学学报(社会科学版),2013(1):5-18.

市场上具有潜力的行业、公司或项目，并给予资金支持。正常有序的资本扩张有利于优化市场资源配置，加速投资规模，促进科技创新活动，提高经济效率和社会整体的资本回报。另一方面，过度的逐利会导致其扩张过程无视潜在风险，甚至会为追逐高额利润而损害社会整体福利。因此，有必要为资本扩张设置一些"红线"，引导资本和平台企业着眼于经济社会发展大局，在促进国家科技进步、推动经济创新发展和便利百姓生活等方面，发挥积极作用。

就平台经济发展而言，网络效应的存在，使得平台企业会想方设法地让网络效应发挥到极致。体现在市场策略上就是，不遗余力地抢夺多个潜在的市场群体，因为在双边或多边市场中，平台的竞争目标不再是某个单一的市场。因此，多数平台企业尤其是起步阶段的平台企业，通常都是"规模驱动"的，追求的是量的扩张，既体现在用户量上，也体现在用于共享的物品或服务的种类与数量上，似乎只有以最快的速度成为市场上规模最大的那一家，享受到成为行业领头羊所带来的头部效应，才有可能成为赢家。这一现象在近几年平台经济发展领域尤其突出，因而"烧钱补贴大战"屡屡上演，甚至有人得出一种结论：平台经济新业态就是一场"资本的狂欢"。

过度追求规模驱动的发展模式的弊端在共享单车领域体现得尤其充分。

2016 年，共享单车因其快速发展成为当年我国共享经济领域"三大亮点"之一。2016 年 8 月，摩拜单车进入北京没几天就火得超过所有人的预期，其服务器一度因无法支持激增的用户而发生故障。2016 年 9 月，摩拜单车和 ofo 小黄车分别宣布获得了数千万美元 B 轮融资。在之后的一年里，摩拜单车继续融资 4 轮共计 11 亿美元，紧随其后的 ofo 小黄车也融资 4 轮共计 7 亿美元，两家公司的估值都超过了 20 亿美元。在这期间又有更多的企业进入市场，公开资料显示，高峰期市场上共有包括小蓝单车、优拜单车、小鸣单车、酷骑单车、CCbike、1 步单车、骑呗单车、哈啰单车等在内近 70 家企业，每月都会发生至少两笔以上融资，平均每笔上千万美元。

共享单车行业的典型特点是"重资产、重运营"，前期的快速发展完全靠融资支撑，处于持续的"烧钱"状态。从 2017 年下半年开始，二线共享单车品牌开始清场，酷骑单车、小鸣单车、优拜单车等都停止了运营，多家企业连用户押金都还不上。2018 年受整体宏观经济形势下行压力、资本市场投资热情下降、缺乏可持续商业模式等多种因素影响，共享单车市场竞争加剧，行业"洗牌"加速。1 月，小蓝单车托管给了滴滴出行。4 月，美团收购摩拜单车，其招股书显示，2018 年前 4 个月，摩拜单车拥有 2.6 亿次骑行，每次收入 0.56 元，总收入 1.47 亿元，折旧 3.96 亿元，经营成本 1.58 亿元，总亏损 4.07 亿元。9 月前后，上海凤凰和百世物流分别起诉 ofo 小黄车拖欠款项，云鸟物流也传出在向 ofo 小黄车催要货款。从资本市场看，2017 年以前，在共享单车市场上，摩拜单车和 ofo 小黄车两家占有 90%以上的市场份额。2018 年，资本市场对共享单车市场的态度开始变化，一级市场融资越来越难。

资本市场的疯狂投入，导致共享单车市场运营商的过度进入，车辆的过度投放和整个市场的过度竞争，使得行业发展犹如过山车般大起大落，给利益相关方尤其是供应商带来严重损害。自 2016 年以来，市场的过度扩张和短时期的高度繁荣，导致与共享单车有关的设计、研发、制造、营销等商家产能过度扩张。进入 2018 年，随着市场迅速萎缩，与共享单车相关的厂商和公司产能过剩现象迅速凸显。有着"自行车第一镇"之称的天津王庆坨镇，自行车厂商数量从 2017 年高峰期的 500 多家，陡降到 2018 年的 200 余家。著名的自行车供应商上海凤凰，2018 年上半年营收和利润同比下滑超过 5 成，并出现了自行车及零部件产能过剩和开工不足的情况。受部分共享单车企业破产的影响，凯路仕公司 2018 年上半年营业收入同比下降 82.3%，公司大量应收账款无法收回，流动资金紧张，盈利大幅下降，实现归属于母公司的净利润较 2017 年同期减少 220.4%。

资本支撑下的规模驱动战略不仅受到越来越大的质疑，而且面临"天花板"。摩拜单车前董事长李斌曾痛斥道："烧钱补贴是互联网竞争的万恶之源。"京东创始人刘强东也表示："如果烧钱没有建立任何竞争壁垒，没有核心竞争门槛，钱烧得没有任何价值和意义。"

在民生领域，由于商业模式的易模仿性和较低的技术进入壁垒，低成本优势加上巨大的潜在市场需求，近年来互联网巨头在资本的助推下纷纷进入社区团购等居民生活领域，如腾讯和京东投资"兴盛优选"、京东上线"京喜拼拼"、滴滴出行借"橙心优选"入局、美团推出"美团优选"和"美团买菜"、拼多多增加"多多买菜"业务等。自 2017 年以来，平台企业在社区团购上的融资金额呈现大幅增长趋势。艾媒咨询数据显示，2020 年社区团购市场规模达到 720 亿元，同比增长 112%；2022 年社区团购市场规模预计超过 1020 亿元。据网经社"电数宝"电商大数据库显示，2019—2020 年，社区团购类电商领域融资额从 83.4 亿元增长到 149.8 亿元；2021 年第一季度新增融资额超 50 亿元。社区团购成为近两年资本火热追逐的领域。

资本大量流向民生领域，一度对线下小商贩、农民等形成巨大冲击，这部分群体规模庞大且再就业能力薄弱，"稳就业"风险突出；并且由于资本的逐利属性，很容易采取竭泽而渔的商业模式，向消费者提供较低质量产品服务或取得垄断地位之后实施高价，给"保民生"带来挑战。

此外，资本过度集中于低技术市场，过多聚焦于流量变现而不注重原创性和基础性创新,还可能导致真正需要大量资金投入的科技创新领域难以获得足够资金支持,引发社会资金资源错配,从长远看势必影响到国家的科技进步。尤其是我国在基础科学研究领域,还存在一些关键"卡脖子"技术问题,除国家投入外,还需要大量社会资本参与。拥有强大技术支撑、海量数据的大型互联网平台企业,理应在原创性和基础性科技创新方面有更大的担当和作为。

2.3　疯狂扩张背后的驱动力

平台作为一种市场组织自古有之,而今天我们所关注的对经济社会产生巨大影响的,则是建立在网络技术基础上的平台经济。之所以强调平台经济的技术性特点,是因为现代信息技术具有传统工业技术所不具备的一些独特性和规律。互联网使得平台的搭建更加简单且成本更低;使得原本互不相干的人跨越时空都可以成为平台参与者,网络效应由此倍增;使得大量的数据得以抓取、交换和分析,从而增加平台的价值。人们通常把基于网络平台的各种经济活动和经济关系的总和称为平台经济。平台经济既是一种商业模式创新,代表着产业范式的变迁,也是一种新型生产关系。在一定意义上,基于现代信息技术的平台经济是对传统经济形态具有颠覆性的新业态。

新一代信息技术革命的全面深化和大型平台的迅速崛起,加速了资本与数字技术的"联姻",制造了一种新型的资本样态——数据资本。数字平台为数据资本的积累奠定了基础,数字平台的私有化造就了数据资源的私有化和市场化,而大数据、云计算等技术的发展推动了数据向资本的转化[18]。

在这个过程中，数据既是资本支撑下大型平台不遗余力"圈地"的新资源，更是数字经济时代平台权力不断强化直至走向垄断的重要来源。

大规模、多样性的数据是企业提高生产经营效率和实现数据驱动的科学决策不可或缺的重要基础。数据作为数字技术发展的副产品（Byproduct）并不会自动且必然地创造价值，在其要素化的过程中，经济主体需要投入大量物质资本和人力资本，通过有效的搜集、清洗、处理、整合和关联等程序，将数据转化为能够提取出经济价值的投入品[19]。作为一种新型生产要素，数据具有边际成本递减、规模报酬递增等多重优势。尤其是在大规模、多样化的数据支撑下，平台可以更精准地促进供需双边的有效对接，持续优化面向平台各方用户的产品和服务，从而不断扩大市场规模，并在此基础上进一步发挥数据的规模优势和范围效应，进一步提高自身效率和持续积累竞争优势。当前，数字平台的主要商业模式是通过免费的产品和服务不断积累消费者的多维数据，随后通过其他市场实现数据货币化[20]。还有研究表明，美国制造业中数据驱动决策能力位于前 1/3 的企业，其劳动生产率和

---

18 张以哲. 数据资本权力：数字现代性批判的重要维度 [J]. 西南大学学报（社会科学版），2021（1）：42-51.

19 徐翔，赵墨非. 数据资本与经济增长路径[J]. 经济研究，2020，55（10）：38-54.

20 UNCTAD. Digital Economy Report 2019 Value Creation and Capture: Implications for Developing Countries[R]. The UN Conference on Trade and Development, 2019.

利润率分别比对手高 5% 和 6%[21]。

数据是平台企业实现跨界发展和生态化扩张的核心武器。纵观经济发展史，在不同的历史发展时期，企业之间的竞争也呈现出不同的重点和特点。在工业经济发展早期，市场竞争基本就是单个企业之间的竞争，更具体地说是企业之间在核心业务实力上的较量。随着经济发展水平的提高和社会分工协作的不断细化，产业链日益丰富和完善，竞争越来越向整个产业链延伸，企业之间的竞争开始扩大到不同的产业链上，体现为产业链之间的实力较量，但整个时期的竞争仍然主要集中在行业内部，企业培养竞争优势的重点在于通过加强和优化产业链的协调运作，不断提高整个链条上的合作效率来实现价值增值，从而形成自己的核心竞争力。平台经济时代，以互联网为代表的现代信息技术的广泛应用，使得跨界竞争成为常态。移动互联网兴起后，手机制造商、内容服务商、软件开发与服务商、电信运营商等原本貌似处于不同领域的企业几乎一夜之间都成了竞争对手。在这种情况下，"平台企业不仅是提供渠道的媒介、提供机会的中间商，它的核心利益是建立起一个完善的'生态系统'，让有利益相关性的诸多群体交流互动，实现价值的飞跃，达到'1+1=10''2+2=100'"[22]。这样，数据的收集、存储和利用也就有了无限的想象空间，国内互联网巨头企业都在积累了丰富的数据资源的基础上，不断衍生出新的应用和商业模式。阿里巴巴、腾讯、百度三家企业很早就将数据升级为集团级战略，由于其在业务和商业模式上的不同，其数据战略存有很

---

21 McAfee, A., Brynjolfsson, E. Big Data: the Management Revolution[J]. Harvard Business Review, 2012, 90(10): 60-128.

22 陈威如，余卓轩. 平台战略：正在席卷全球的商业模式革命［M］. 北京：中信出版社，2013.

大差异：作为国内最大的搜索引擎，百度拥有大量的公共数据和用户搜索行为的需求数据；阿里巴巴重点则是交易及信用数据；腾讯由于拥有微信、QQ 两大社交平台而掌握着社交关系数据。

2021 年 10 月 8 日，国家市场监督管理总局对美团依法做出行政处罚决定，认为其滥用在餐饮外卖平台服务市场的支配地位，采取多种手段实施"二选一"行为，违法了《反垄断法》。这里我们还可以通过国家市场监督管理总局对美团的《行政处罚决定书》的内容看一下数据对于平台企业形成和强化其市场地位的重要作用。

从数据对平台企业市场地位的影响看，美团平台积累了大量的平台内经营者和消费者，拥有海量的交易、支付、用户评价等数据，并基于海量数据建立了较为高效的配送安排和调度系统，较好地实现了运力自动化调度及资源优化配置。平台基于位置的算法系统可以为用户精准"画像"，提供个性化、针对性服务，并能够监测平台内经营者是否在其他竞争性平台经营。网络餐饮外卖平台需要获得足够多的消费者和平台内经营者，达到临界规模，形成循环正向反馈，才能实现有效市场进入。近年来，我国网络餐饮外卖平台获客成本逐年升高，潜在竞争者进入相关市场的难度逐年增加。

从数据对平台内经营者的影响上看，掌握海量数据的美团平台对平台内经营者形成了很强的网络效应和锁定效应。截至 2020 年年底，美团网络餐饮外卖平台的消费者日均活跃用户数量为 2230 万，且用户黏性较强，对平台内经营者形成了很强的跨边网络效应和锁定效应，平台内经营者难以放弃当事人平台的庞大消费者群体。平台内经营者在美团平台获得了众多消费者用户，积累了大量的交易、支付、用户评价等数据，并依赖这些数据开展经营。用户和数据成为平台内经营者在美团平台积累的重要资源，难以迁移至其他平台。

2.4 持续扩大的平台权力

数据成为平台经济时代重要的经济社会资源，不断深入的数字化转型进程使得大型平台持续快速地积聚起海量数据，在通过设计各种商业模式获取商业利润的同时，还形成了越来越大的平台权力。今日的平台已经发生了质的变化，从信息交互的交易中介发展、壮大为集信息汇集、要素生产、资源配置、规则制定为一体的新型经济中枢，成为政治权力和市场权力之间的第三方力量[23]。

在传统经济学理论中，市场和政府是资源配置的两种基本形式。而今天，在互联网、大数据、物联网等现代信息技术的支撑下，平台可以越来越广泛且快速地整合大量社会资源，高效、精准地实现信息和数据收集、交易匹配、市场反馈等，构建起一个双边甚至多边市场，成为市场资源配置中的重要环节。更重要的是，平台逐步形成了对于这个内部市场的权力，如平台的准入规则、定价机制、交易制度、信用评价体系等。另外，平台规模越大，其权力和对内部市场的影响力就越大。从这个角度看，平台是一种既有传统企业组织的功能，又兼具市场功能的组织形态[24]。平台已经成为除市场和政府之外的"第三权力"[25]。

---

23 张晨颖. 公共性视角下的互联网平台反垄断规制［J］. 法学研究，2021，43（4）：149.

24 于凤霞. 平台经济：新商业·新动能·新监管［M］. 北京：电子工业出版社，2019：11.

25 张晨颖. 公共性视角下的互联网平台反垄断规制［J］. 法学研究，2021，43（4）：157.

在制定平台交易规则和定价方面，根据诺贝尔经济学奖获得者埃尔文·罗斯（Alvin E. Roth）的观点：市场的运行需要满足稠密性和非拥堵性的要求，既要有足够的买家和卖家以产生足够的交易，同时买卖双方又不能太多，否则会导致搜索匹配成本太高而影响交易效率。设计合理的价格结构是平台的重要作用。平台企业往往会根据所处的不同发展阶段，灵活地调整价格结构策略，以实现自身发展收益最大化。

平台经济发展初期，平台企业往往采取补贴措施以吸引买卖双方参与平台交易活动，企业在这一阶段通常会本着吸引尽可能多的顾客群体加入平台这一原则来设计平台的交易规则，包括价格结构和收费机制等，从而提升用户在平台上的活跃度，繁荣平台交易。用户规模扩大和活跃度提升是平台企业获取并维持长久收益的重要保障。正如阿姆斯特朗（Armstrong）提出的，平台企业宜采用倾斜定价的策略，可以对需求价格弹性较大的一方进行低于边际成本的定价，甚至补贴[26]。希夫（Schiff）认为，当两边市场在平台上的收益相差较大时，平台企业会对收益较少的一方设定较低价格，以便积累市场规模，由此也就产生了补贴[27]。

平台的另一种定价机制是基于大数据的动态定价。例如，网约车平台利用算法，根据用户所在区域内车辆供给和用车需求的实时比例，计算出运能的供需状况，再结合订单相关的其他因素来进行动态定价。大型平台在发展中通过对技术、网络等数字基础设施进行大量

---

26 Armstrong, M. Competition in Two-Tided Markets [J]. The RAND Journal of Economics, 2006, 37.

27 Schiff, A. Open and Closed Systems of Two-Sided Networks [J]. Information Economics and Policy, 2003, 15.

投资，形成日益强大的数字基础设施及数据采集、存储、挖掘、分析能力。更重要的是，大型平台在海量数据的积累和训练下，构建起了日益先进的算法机制，不断实现和优化对数据的自动化、智能化处理。在持续迭代过程中，平台还可以根据新获得的数据和信息持续修正价格等决策，实现对市场发展趋势越来越精准的跟踪甚至超前预测。

除了可以确定定价机制，平台还拥有制定其他交易规则的权力，如制定准入规则、制定服务协议、建立评价和反馈机制、建立纠纷解决机制、制定对违规行为的惩罚措施等。平台管理者承担着维护平台内部市场竞争秩序和公平交易环境的责任，不管从形式还是从内容看，这些权力越来越具有"准政府"的特点。尤其是在平台用户量和交易额达到一定规模后，平台的规则不再体现为小范围群体内的秩序要求，而是可能产生广泛的经济社会影响。阿里巴巴旗下的淘宝和天猫平台，在 2020 年拥有 8.46 亿个月活个人用户和 750 万个月活商家。

一方面，如前所述，平台的上述权力从根本上说来源于其掌握的海量数据资源和强大的技术能力。平台权力不同于以往来源于法定、授权或者分权的传统权力，表面上看并不具有强制性，更多地体现为一种影响和支配他人的经济性的、市场性的权力。

另一方面，平台权力也来源于平台经济日益广泛的渗透，来源于消费者、企业乃至政府对平台的依赖。信息技术在现代社会的经济、政治各个领域日益深入的应用推动人类社会进入新的生产力发展阶段，也使得平台日益深入地嵌入社会生产、生活、施政等方方面面。在 2020 年全球百强企业中，6 成以上企业的主要收入来自平台业务，例如，亚马逊、苹果、腾讯、阿里巴巴等大型数字平台，通过独特的数据源、丰富的数据分析人才和数字基础设施，造就了广泛集成社会生产、分配、交换与消费关系的能力。从人们生活的角度看，以在线支付为例，2020 年 42.7% 的消费者每天使用 1～5 次线上支付，

36.7% 的消费者每周使用几次线上支付，从未使用过线上支付的消费者比例不到 1%[28]。而随着数字政府建设的全面推进，各类政务新媒体已经成为连接政府和公众的重要桥梁，网络平台日益成为参政议政的新渠道。可以说，数字化平台已经实现了对人类社会全方位的渗透。

在资本支撑下，平台规模的快速扩大及权力的持续强化所带来的负面影响也日渐显著。

一是对市场支配地位的不当利用。大型平台对交易方式、定价模式、交易频率、结算工具、责任分配等都具有较强的支配力，服务提供者、消费者等其他交易参与者处于相对弱势的地位，缺乏议价能力，这带来一系列问题，如平台抽成过高、服务提供者收入难以得到保障、通过"二选一"等限定交易方式排除市场竞争、"大数据杀熟"等，引发社会公众不满。据北京市消费者协会的一项调查显示，超 8 成被调查者认为"大数据杀熟"现象相当普遍，有超 5 成被调查者表示有过被"大数据杀熟"的经历。

二是数据独占。大型平台在日常经营活动中采集了大量的用户数据，这些数据经过加工后，用于进一步挖掘用户的潜在需求和行为特征，平台企业及其关联投资企业就可以开展更精准的推送等服务，在不断增强客户黏性的同时，平台企业也在构建越来越高的"数据隔离墙"，并形成平台经济下典型的数据独占；同时还在平台规则、算法、技术、流量分配等方面设置限制和障碍，导致其他市场主体的经营活动受到约束，市场创新活力受到严重阻碍。

三是垄断性扩张。大型平台通常具有资本优势、数据优势和客户

---

28 中国信息通信研究院. 中国居民信息消费调查报告（2020 年）［R/OL］. 2020.

优势，一旦市场上出现一些具有发展潜力的中小企业，大平台要么通过参股或者控股的方式，用资本扶持其做大并垄断新兴的互联网市场；要么采用低价倾销或不合理的过度补贴手段抢占市场份额，挤压新兴的中小微经营者的生存空间，以达到独占新业务市场并在新模式领域形成垄断的目的。一旦获取市场优势地位，平台往往通过提高价格或降低服务提供者的收益分成等方式攫取超额利润。

2.5　当反垄断成为新常态

2020 年，我国政府对反垄断提出新的要求，并在当年年底频繁地就强化反垄断问题做出表态。反垄断已上升到国家战略层面的高度。

10 月 29 日，中共十九届五中全会将"公平竞争制度更加健全"作为"十四五"时期经济社会发展重要目标，要求打破行业垄断和地方保护，形成国民经济良性循环；建设高标准市场体系，健全公平竞争审查机制，加强反垄断执法，提升市场综合监管能力。

11 月 30 日，习近平总书记在中央政治局第二十五次集体学习时强调，要加快完善相关法律法规，统筹推进《反垄断法》修订工作；要统筹做好知识产权保护、反垄断、公平竞争审查等工作，促进创新要素自主有序流动、高效配置；要完善知识产权反垄断、公平竞争相关法律法规和政策措施，形成正当有力的制约手段。

12 月 11 日，中共中央政治局召开会议，要求强化反垄断和防止资本无序扩张。五天后的中央经济工作会议明确将"强化反垄断和防止资本无序扩张"列为 2021 年八项重点任务之一，强调反垄断、反不正当竞争是完善社会主义市场经济体制、推动高质量发展的内在要求；要完善平台企业垄断认定、数据收集使用管理、消费者权益保护等方面的法律规范；要加强规制，提升监管能力，坚决反对垄断和不正当竞争行为。

强化反垄断成为国家意志。相关责任部门不断推进反垄断执法、立法和司法进度，一系列平台经济监管制度相继推出。2021年年初，我国印发的《建设高标准市场体系行动方案》，明确加强平台经济、共享经济等新业态领域反垄断和反不正当竞争规制。2月7日，国务院反垄断委员会制定发布《关于平台经济领域的反垄断指南》，为加强平台经济领域反垄断监管提供了科学有效、针对性强的制度规则，促进各类市场主体深化对《反垄断法》的理解和认识。3月15日召开的中央财经委员会第九次会议再次强调，"要从构筑国家竞争新优势的战略高度出发，坚持发展和规范并重，把握平台经济发展规律，建立健全平台经济治理体系，明确规则，划清底线，加强监管，规范秩序，更好统筹发展和安全的保障，促进公平竞争，反对垄断，防止资本无序扩张。要加强规范和监管，维护公众利益和社会稳定，形成治理合力。要加强开放合作，构建有活力、有创新力的制度环境，强化国际技术交流和研发合作。要坚持'两个毫不动摇'，促进平台经济领域民营企业健康发展。"8月30日召开的中央全面深化改革委员会第二十一次会议强调，强化反垄断、深入推进公平竞争政策实施，是完善社会主义市场经济体制的内在要求。要从构建新发展格局、推动高质量发展、促进共同富裕的战略高度出发，促进形成公平竞争的市场环境，为各类市场主体特别是中小企业创造广阔的发展空间，更好地保护消费者权益。

垄断是市场经济的大敌。我国平台经济发展正处在关键时期，要着眼长远、兼顾当前，补齐短板、强化弱项，营造创新环境，解决突出矛盾和问题，推动平台经济规范健康持续发展。未来，从构筑国家竞争新优势的战略高度出发，反对垄断，防止资本无序扩张，促进公平竞争，将成为新时期我国发展和规范平台经济的常态。

2021 年 9 月 6 日，国家市场监督管理总局局长张工在国务院新闻办公室新闻发布会上表示，对重大垄断案件和各类不正当竞争行为查处的目的是"立规矩、儆效尤"。下一步将不断强化反垄断和反不正当竞争监管执法，注重竞争监管与行业监管协同联动，着力构建全方位、多层次、立体化监管体系，坚决反对垄断，防止资本无序扩张。

一是国家反垄断体制机制进一步完善。

2021 年 11 月 18 日，国家反垄断局正式挂牌，这是继 2018 年国务院机构"三合一"改革之后的又一重大举措。从商务部、国家发改委、原国家工商行政管理总局都有反垄断监管职责，到 2018 年统一归集到新成立的国家市场监督管理总局反垄断局，再到国家反垄断局亮相，我国反垄断监管力量逐渐加强，体制机制进一步完善。

过去十多年，我国的反垄断执法机构经历了几次演变：2008 年《反垄断法》实施后，商务部设置反垄断局、国家发改委设置价格监督检查与反垄断局、原国家工商行政管理总局设置反垄断与反不正当竞争执法局，都从不同方面承担相应的反垄断执法职能。2018 年机构改革后，三部门的反垄断执法职能集中到市场监督管理总局。公开资料显示，2018 年机构改革以来，反垄断执法机构共查处各类垄断案件 345件，罚没金额 242.3 亿元；审结经营者集中案件 1900 余件；清理市级政府有关政策措施文件 189 万件，审查新出台政策措施 85.7 万项；查处滥用行政权力排除、限制竞争案件 169 件。

有效的反垄断执法通过有效规范市场行为，对于有效保护公平竞争和激发市场活力具有重要意义，但实践中也暴露出执法机制体制存在的问题，如执法力量不足等。2021 年 3 月 15 日，中央财经委员会第九次会议明确提到，要充实反垄断监管力量，增强监管权威性；在 8 月 30 日中央深改委的会议上，也提出要完善反垄断体制机制，充实反垄断监管力量。10 月公布的《反垄断法（修正草案）》（征求意见稿）中也明确提出，要健全完善反垄断规则制度，充实反垄断监管力量，加强反垄断执法，维护公平竞争秩序。

国家层面新的反垄断机构的出现标志着我国反垄断进入新阶段，反垄断监管力量不断充实，反垄断执法法治化和规范化水平将进一步提高。这对于切实规范市场竞争行为，促进建设强大国内市场，为各类市场主体投资兴业、规范健康发展营造公平、透明、可预期的良好竞争环境至关重要。随着国家反垄断局的正式成立，公平竞争政策在我国经济政策中的基础性地位将得到切实保障，尤其是当竞争政策和产业政策等其他政策发生冲突时，独立的反垄断执法机构可以代表竞争政策与其他相关部门进行充分的协调沟通。

正如国务委员、国务院反垄断委员会主任王勇在第七届金砖国家国际竞争大会开幕致辞中提到的：下一步，中国将从构建新的发展格局、推动高质量发展、促进共同富裕的战略高度出发，更好地统筹发展和安全，兼顾效率、公平活力和秩序，国内和国际坚持监管规范和促进发展并重，强化竞争政策的基础性地位，持续完善我国的监管体制和机制。加快构建全方位、多层次、立体化的竞争监管体系，加强重点领域反垄断和反不正当竞争的监管执法，促进标准的市场体系建设，坚持对各类市场主体一视同仁、平等对待，着力打造市场化、法制化、国际化的营商环境。

二是通过常态化的反垄断执法来营造公平的营商环境，为各类市场主体公平参与市场竞争提供保障。

我国于 2020 年 1 月 1 日起开始施行的《优化营商环境条例》第 21 条规定，政府有关部门应当加大反垄断和反不正当竞争执法力度，有效预防和制止市场经济活动中的垄断行为、不正当竞争行为，以及滥用行政权力排除、限制竞争的行为，营造公平竞争的市场环境。无论是传统行业还是新业态、新模式领域，都要遵守公平竞争的市场规则，都不是反垄断法外之地。

国家市场监督管理总局发布的《中国反垄断执法年度报告 2020》提出，"要始终坚持平等对待所有市场主体，公平公正开展执法"，保障各类市场主体公平参与市场竞争。因此，不管是从立法还是执法实践的角度看，无论是国有企业还是民营企业，无论是内资企业还是外资企业，作为执法对象都被一视同仁。《反垄断法》及其配套法律规则体系平等适用于各类市场主体，不存在针对任何特定企业的特殊规定和特殊政策。

2021 年 8 月 26 日，中央财经委员会办公室分管日常工作的副主任韩文秀表示，反垄断是市场经济国家通行的做法，加强反垄断和反不正当竞争是一项重要的常态化工作。他强调，在网络平台企业中，既有国有企业、民营企业，也有外资企业，还有很多混合所有制企业，整治规范互联网平台的政策是一视同仁的，"针对的是违法违规行为，绝不针对民营企业和外资企业，这一点十分明确"。

只有加强公平竞争审查、反对不公平的竞争方式、制止垄断行为，才能真正建立一个市场化、法治化、国际化的营商环境。制止垄断行为不仅是监管部门的单边行动，还要形成全社会的共识与共同行动，要有效地用制度来规范并维护市场规则、保障市场公平、鼓励市场创新、形成市场活力。

三是反垄断监管将针对平台经济发展的新特点持续完善监管体系和提升监管效能。通过近期典型的平台领域反垄断执法案件可以看出，行政指导等有望成为未来除反垄断执法之外的重要手段。

所谓行政指导，是一种行政权力介入市场的方式，主要通过建议、辅导、提醒、规劝、示范、公示、约谈等非强制性方式进行。行政指导是一种不具备法律强制约束力的行为。平台经济新业态、新模式中的一些违法行为较为复杂，可以通过行政指导对不规范行为进行提醒，帮助企业进一步明确合规经营的具体要求，尤其是对一些把握不准、理解不到位的情况，可以通过行政指导的方式，引导和督促平台企业在一定期限内自查整改，实现合规经营，这也是降低执法成本和企业违规成本的重要方式。行政指导是结合我国法律与市场环境对反垄断执法的一种创新性尝试，体现了"软法治理"的理念。近年我国平台经济领域中具有代表性的行政指导如表 2-2 所示。

表 2-2　近年我国平台经济领域中具有代表性的行政指导

时　间	主要内容
2019 年 11 月 5 日	国家市场监督管理总局在杭州召开"规范网络经营活动行政指导座谈会"，召集京东、快手、美团、拼多多、苏宁、阿里巴巴、云集、唯品会、1 药网等 20 多家平台企业参会。会议指出，互联网领域"二选一""独家交易"行为是《电子商务法》明确规定禁止的行为，同时也违反了《反垄断法》《反不正当竞争法》等法律法规规定，既破坏了公平竞争秩序，又损害了消费者权益。市场监管部门将对各方反映强烈的"二选一"行为依法开展反垄断调查
2019 年 12 月 26 日	中国人民银行、中国银行保险监督管理委员会（简称银保监会）、中国证券管理委员会（简称证监会）、国家外汇管理局（简称外汇局）等金融管理部门联合约谈蚂蚁集团

续表

时　间	主要内容
2021 年 4 月 12 日	中国人民银行、中国银行保险监督管理委员会（简称银保监会）、中国证券管理委员会（简称证监会）、国家外汇管理局（简称外汇局）等金融管理部门再次联合约谈蚂蚁集团，提出蚂蚁集团五个方面的整改内容：一是纠正支付业务不正当竞争行为，在支付方式上给消费者更多选择权，断开支付宝与蚂蚁花呗、借呗等其他金融产品的不当链接，纠正在支付链路中嵌套信贷业务等违规行为；二是打破信息垄断，严格落实《征信业管理条例》要求，依法持牌经营个人征信业务，遵循"合法、最低、必要"原则收集和使用个人信息，保障个人和国家信息安全；三是蚂蚁集团整体申设为金融控股公司，所有从事金融活动的机构全部纳入金融控股公司接受监管，健全风险隔离措施，规范关联交易；四是严格落实审慎监管要求，完善公司治理，认真整改违规信贷、保险、理财等金融活动，控制高杠杆和风险传染；五是管控重要基金产品流动性风险，主动压降余额宝余额
2021 年 4 月 13 日	国家市场监督管理总局会同中共中央网络安全和信息化委员会办公室（简称中央网信办）、国家税务总局召开互联网平台企业行政指导会，34 家互联网平台企业代表参加。会议明确提出，互联网平台企业要知敬畏、守规矩，限期全面整改问题，建立平台经济新秩序
2021 年 6 月 3 日	国家市场监督管理总局价监竞争局会同反垄断局、网监司召开行政指导会，要求哈啰单车、青桔单车、美团、怪兽充电、小电、来电共享、街电、搜电充电 8 个共享消费品牌经营企业限期整改，明确定价规则，严格执行明码标价，规范市场价格行为和竞争行为
2021 年 9 月 1 日	交通运输部会同中央网信办、工业和信息化部、公安部、国家市场监督管理总局等交通运输新业态协同监管部际联席会议成员单位，对 T3 出行、美团出行、曹操出行、高德、滴滴出行、首汽约车、嘀嗒出行、享道出行、如祺出行、阳光出行、万顺叫车 11 家网约车平台企业进行联合约谈
2021 年 9 月 10 日	人力资源和社会保障部（简称人社部）会同交通运输部、国家市场监督管理总局等部门召开平台企业行政指导会，就维护新就业形态劳动者劳动保障权益，约谈美团、饿了么、滴滴出行等 10 家头部平台企业

续表

时　　间	主要内容
2021 年 10 月 8 日	国家市场监督管理总局在对美团做出行政处罚决定的同时，还向美团发出行政指导书，要求其围绕完善平台佣金收费机制和算法规则、维护平台内中小餐饮商家合法利益、加强外卖骑手合法权益保护等进行全面整改，并连续三年向国家市场监督管理总局提交自查合规报告，确保整改到位，实现规范创新健康持续发展。行政指导书共提出 15 点具体要求，以非强制性的方式规范美团的经营行为。涵盖领域细分，如要求美团保障外卖送餐员劳动收入、完善外卖送餐社会保障、充分保护外卖送餐员合法权益等

同时，许多地方市场监管部门都在积极开展面向平台企业的反垄断合规经营指导。自 2020 年 4 月以来，已有河北省、重庆市、上海市、浙江省、山东省、黑龙江省等多个省、直辖市市场监督管理局印发了竞争合规指南或反垄断合规指引。2021 年 8 月，浙江省市场监督管理局发布了全国首个平台企业竞争合规指引《浙江省平台企业竞争合规指引》，其共 6 章 30 条，为浙江省平台企业开展竞争合规工作提供了明确指引和具体要求。地方监管部门合规指引的制定和出台，有助于引导平台企业及时自觉整改违规行为，积极主动维护市场秩序。

此外，社会监督也在反垄断常态化形势下发挥了重要作用。2021 年 4 月 14 日，国家市场监督管理总局在召开互联网平台企业行政指导会后的第二天，就公开发布 12 家互联网平台企业提交的《依法合规经营承诺》，其中包括百度、京东、美团、三六零、微店、新浪微博、字节跳动、叮咚买菜、拼多多、小红书、苏宁易购和唯品会等。"向社会公开《依法合规经营承诺》"既是行政指导会的明确要求，也是充分发挥社会各界监督作用的重要手段。

一系列反垄断执法落地，充分体现了国家持续强化平台经济反垄断监管、规范平台经济领域市场竞争的态度和决心。目前，我国初步形成对平台经济系统化、常态化反垄断监管态势，为平台企业划清底线、明确规则，引导平台企业不断树立和强化依法合规发展的理念和意识，从而使我国平台经济市场竞争秩序持续稳步向好，市场竞争环境不断优化。

数据安全治理的国家探索

03

"谁在偷我的'脸'？""伸向个人简历的黑手""老人手机里的安全陷阱"……2021 年央视 3·15 晚会曝光了一批信息侵权违规行为，个人信息安全问题再次引发广泛关注。在移动互联网高度发达的今天，各种应用软件无时无刻不在收集用户的各种信息，互联网企业通过对用户的衣食住行、家庭职业等进行统计分析，能够精准地描绘出一个人的"数据画像"，并用于越来越广泛的商业用途。这些数据应用在给人们带来便利的同时，也出现了个人信息频繁被泄露的问题，甚至个人生物信息等都变成商业资源。海量个人信息收集的背后，这些信息的所有权和使用权、平台在信息保护方面应当承担的责任界定等都不明确，甚至在信息泄露发生后，用户该如何举证、如何维护自身合法权益也都难以找到明确说法。

数字技术的发展总是伴随着各类安全威胁，大数据安全始终是网络安全的核心议题。与个人信息安全密切相关的数据安全、关键信息基础设施安全等问题日益凸显，网络安全问题日益成为影响国家安全、社会稳定和人民群众切身利益的重大战略问题。数字经济与传统经济的最大不同在于，它以新信息技术包括机器学习和人工智能为基础，以海量数据的开放共享和挖掘应用为核心，数据资源将融入人们生产生活的各个领域，融入产业创新和企业发展的各个环节。万物互联时代，发展机遇与安全风险并存。数据已成为数字时代的国之重器，强化数据监管迫在眉睫。

3.1　网络安全审查风暴

2021 年 7 月，我国有 4 家已赴美上市的互联网平台企业被实施网络安全审查。7 月 2 日，网络安全审查办公室发布公告称，对滴滴出行实施网络安全审查，审查期间暂停滴滴出行新用户注册。7 月 4 日，国家互联网信息办公室发布通报，滴滴出行 App 在各应用商店下架。7 月 5 日，网络安全审查办公室启动对运满满、货车帮、BOSS 直聘实施网络安全审查，审查期间运满满、货车帮、BOSS 直聘停止新用户注册。7 月 9 日晚，北京小桔科技有限公司旗下的 25 款 App，因存在违规收集用户个人信息被国家互联网信息办公室通报下架。7 月 16日，国家互联网信息办公室会同公安部、国家安全部、自然资源部、交通运输部、国家税务总局、国家市场监督管理总局等部门联合进驻滴滴出行，开展网络安全审查。

被审查的这 4 家平台企业都堪称其所在领域或行业的头部企业，拥有巨大的用户规模和海量数据资源。滴滴出行是我国最大的共享出行平台，公开资料显示其平台拥有 3.77 亿个年活跃用户和 1300 万个活跃司机。2021 年第一季度，滴滴中国出行拥有 1.56 亿个月活跃用户，中国出行业务日均交易量为 2500 万次。运满满和货车帮同属于满帮集团，是城际整车物流与车货匹配信息平台，公开资料显示其平台上实名注册的卡车司机超过 500 万个，月活跃货主 122 万个，业务覆盖全国超过 300 座城市，货运路线超过 10 万条，货物日周转量超过百亿吨每千米，单日交易额 10 亿余元，形成高度密集的全国货运物流线路网络。BOSS 直聘号称首创互联网"直聘"模式的在线招聘平台，拥有 5850 万个认证求职者和 1300 万个认证企业端用户，月活跃用户达 3060 万个。

此次 4 家被审查的平台企业还有一个共同特点，即均为刚赴美国上市企业。BOSS 直聘于 2021 年 6 月 11 日在纳斯达克上市，满帮集团和滴滴出行分别于 2021 年 6 月 22 日和 2021 年 6 月 30 日在纽约证券交易所上市。

网络安全审查的主要内容有哪些？2020 年 4 月 13 日，国家互联网信息办公室等 12 部门联合发布《网络安全审查办法》，并就具体问题答记者问，明确说明了网络安全审查的具体内容。网络安全审查重点评估关键信息基础设施运营者采购网络产品和服务可能带来的国家安全风险，包括：产品和服务使用后带来的关键信息基础设施被非法控制、遭受干扰或破坏，以及重要数据被窃取、泄露、毁损的风险；产品和服务供应中断对关键信息基础设施业务连续性的危害；产品和服务的安全性、开放性、透明性，来源的多样性，供应渠道的可靠性，以及因为政治、外交、贸易等因素导致供应中断的风险；产品和服务提供者遵守中国法律、行政法规、部门规章情况；其他可能危害关键信息基础设施安全和国家安全的因素。

2021 年 7 月 10 日，国家互联网信息办公室就《网络安全审查办法（修订草案征求意见稿）》公开征求意见。与 2020 年发布的办法相比，主要变化体现在两个方面：网络安全审查对象，网络安全审查评估重点考虑的安全风险因素。

关于进行网络安全审查的对象，在之前的"关键信息基础设施运营者采购网络产品和服务"的基础上，又增加了"数据处理者开展数据处理活动"，并明确提出，"掌握超过 100 万个用户个人信息的运营者赴国外上市，必须向网络安全审查办公室申报网络安全审查"。

关于网络安全审查评估重点考虑的安全风险因素，在之前提出的五个方面的基础上，又增加了两个方面：一是核心数据、重要数据或大量个人信息被窃取、泄露、毁损及非法利用或出境的风险；二是在国外上市后关键信息基础设施、核心数据、重要数据或大量个人信息被国外政府影响、控制、恶意利用的风险。

网络安全审查对应的上位法有两个。一是自 2015 年 7 月 1 日起实施的《中华人民共和国国家安全法》（简称《国家安全法》）第 25 条和第 59 条，主要聚焦网络领域的国家安全内容。第 25 条提出，要"加强网络管理，防范、制止和依法惩治网络攻击、网络入侵、网络窃密、散布违法有害信息等网络违法犯罪行为，维护国家网络空间主权、安全和发展利益"。尤其是第 59 条："国家建立国家安全审查和监管的制度和机制，对影响或者可能影响国家安全的外商投资、特定物项和关键技术、网络信息技术产品和服务、涉及国家安全事项的建设项目，以及其他重大事项和活动，进行国家安全审查，有效预防和化解国家安全风险。"二是自 2017 年 6 月 1 日起施行的《中华人民共和国网络安全法》（简称《网络安全法》）。对应《国家安全法》的两条内容，《网络安全法》进一步做了相应规定，明确了"关键信息基础设施的运营者"的概念，第 35 条提出："关键信息基础设施的运营者采购网络产品和服务，可能影响国家安全的，应当通过国家网信部门会同国务院有关部门组织的国家安全审查。"

关于此次开展网络安全审查的原因，在下架滴滴出行 App 的通报中提到，滴滴出行 App 存在严重违法违规收集个人信息问题，要求滴滴出行"切实保障广大用户个人信息安全"。在宣布对运满满、货车帮、BOSS 直聘启动网络安全审查的公告里提到的则是，"为防范国家数据安全风险，维护国家安全。"从这些平台企业的特点及相关部门的公告和通报的措辞看，相关审查的一个重要指向就是数据安全。

3.2 数据安全、个人信息保护与国家安全

数据安全，不仅关乎个人信息安全，更关乎国家安全。

随着数字化转型步伐的加快，生活中的每个人、生产作业中的每台机器每时每刻都在产生大量数据。Youtube 上每分钟上传的视频时长超过 400 小时，Facebook 每天生成 300TB 数据，Google 每天处理 24PB 数据，Twitter 用户每天发布超过 5000 万条消息……IDC 发布的《数据时代 2025》报告预测，2025 年全球数据量将达到史无前例的 163ZB，80%以上的应用将实现云化，加之物联网、人工智能、5G 等技术创新应用持续向纵深发展，全球数据量将呈现指数级增长。互联网数据中心的研究表明，人们可获取的数据量每两年就可翻一番。

在我国，在线化越来越成为经济社会发展的新特征。中国互联网络信息中心发布的数据显示，截至 2021 年 6 月，我国网民规模达 10.11 亿人，互联网普及率达 71.6%。即时通信、网络视频、网络支付、网络新闻、在线外卖和在线办公的用户规模分别达到 9.83 亿人、9.44 亿人、8.72 亿人、7.6 亿人、4.69 亿人和 3.81 亿人，占网民整体的比例分别达到97.3%、87.8%、86.3%、75.2%、46.4%和 37.7%。在生产领域，我国工业互联网"综合性+特色性+专业性"的平台体系基本形成，具有一定行业和区域影响力的工业互联网平台超过 100 家，连接设备数超过 7000 万台（套），工业 App 超过 59 万个。企业通过连接大量工业设备"上云"、实现产业链各环节智能协同。工业数据体系持续完善，数据结合行业知识和工业机理，满足制造业千行百业的需求，其专业性不断显现。工业互联网运用的数据来源于研、产、供、销、服各环节，数据规模不断增长。工业互联网通过对数据的采集、

流通、汇聚、计算、分析，持续推动生产领域的数字化转型。

从信息技术及其创新应用发展的角度看，当前已经进入以数据的深度挖掘和融合应用为主要特征的智能化阶段。数据不断产生、计算、分析、应用和迭代，成为继物质、能源之后重要的生产要素和战略资源。

海量数据蕴藏着巨大的价值，但释放其价值的前提是有效管理和合理开发利用。数据如果得不到有效的管理和合理的开发利用，不仅不可能创造价值，而且可能对个人乃至整个经济社会发展造成巨大风险。从全球范围看，2020 年全球数据泄露量超过过去 15 年的总和，政务、医疗及生物识别信息等高价值特殊敏感数据泄露风险加剧，云、端等数据安全威胁居高不下，数据交易黑色地下产业链活动猖獗。

数据是否安全，首先关系到个人信息尤其是个人隐私信息是否能得到有效保护。随着数字技术及其应用创新的不断加速，个人信息合理利用的经济社会价值和滥采滥用的侵权安全风险也日益凸显，原有制度亟待系统性更新。

以滴滴出行 App 为例。在下载和使用前，用户需要开放自己的位置信息、电话簿、录音录像等功能，注册过程需要填写手机号、身份证号，并绑定个人支付账号等多方面的个人信息。出于行车过程中的安全保障考虑，现在网约车内都装有录音录像设备，进入车内，用户便处于监控之中，毫无隐私可言。这些信息一旦被泄露，或者被犯罪分子盗用，后果不堪设想。随着数字技术加速创新和平台经济蓬勃发展，个人信息处理的普遍性、复杂性日益增强。个人信息合理挖掘利用可以带来巨大的经济社会价值，但与此同时，过度采集、滥用个人信息的安全风险也更加凸显。

个人信息保护已经成为广大人民群众最关心、最直接的利益问题之一。随着"互联网+"的全面推进和平台经济的快速发展，线下活动日益向线上转移和融合，网络平台正在深刻改变着人们的衣食住行，改变着人们的学习、工作和社交方式，成为人们生产生活的重要组成部分。在日常生活中，随意甚至过度收集个人信息的场景十分普遍：餐厅点菜需要扫码下单并填写一系列个人信息，入场停车被要求关注微信公众号并注册缴纳停车费，个人信息频繁被收集。一些企业和机构为追求商业利益，过度收集、违法获取和使用、非法买卖个人信息，甚至滋生长链条的黑色产业。2020 年上半年，国内就发生了新浪微博 5.38 亿个用户的数据在暗网出售、中国建设银行员工贩卖 5 万多条客户信息等数据泄露事件。此外，据国外媒体报道，万豪、美高梅酒店至少 1580 万个客人的信息遭泄露；化妆品巨头雅诗兰黛因不安全服务器泄露了 4.4 亿个用户的敏感信息……2021 年，我国最大的购物平台淘宝遭遇网络爬虫的新闻爆出，淘宝网站被一家国内软件开发商的网络爬虫抓取数据长达 8 个月，收集了 11 亿份消费者数据，涉及用户 ID、电话号码和消费者评论等。连日常使用的输入法都可能在偷听和使用你的数据，搜狗、科大讯飞等多款输入法因为搜集与其服务无关的用户信息被下架。

大量企业的数据存在云端，虽然技术的发展使得"云"本身的安全性在不断加强，但接入云端的第三方应用软件、系统和接口的安全性都可能存在隐患，可能导致企业的系统漏洞和数据泄露事件。2018 年 8 月，华住集团旗下汉庭、美爵等酒店共计 5 亿条包含个人身份证号、手机号码、开房记录等个人信息泄露，并被打包在暗网上销售。中国消费者协会在 2018 年 8 月发布的《App 个人信息泄露情况调查报告》中称，App 已经成为个人信息泄露的重灾区。在消费者个人信息泄露后，约 86.5% 的受访者曾收到推销电话或短信的骚扰，约 75.0% 的受访者接到诈骗电话，约 63.4% 的受访者收到垃圾邮件。

数据是否安全，还直接关系到国家安全。

习近平总书记指出："网络信息是跨国界流动的，信息流引领技术流、资金流、人才流，信息资源日益成为重要生产要素和社会财富，信息掌握的程度成为国家软实力和竞争力的重要标志。"我国正日益成为全球数据大国。国际数据公司（IDC）发布的《数字化世界——从边缘到核心》和《2025 年中国将拥有全球最大数据圈》白皮书显示，2018—2025 年我国数据总量年均增速高达 30%，高于全球平均水平。2018 年我国共产生 7.6ZB（7.6 万亿 GB）数据，预计 2025 年我国数据总量将增至 48.6ZB，占全球总量的 27.8%，远超美国的 30.6ZB。

从一定程度上说，中国概念股平台企业越来越成为中美数据博弈的重要领域。截至 2021 年上半年，赴美上市的中国概念股平台企业达 100 余家，这些平台企业普遍积累了不同领域海量的数据资源。美国 2020 年 5 月颁布《外国公司问责法案（HFCA Act）》，要求赴美企业必须接受公众公司会计监督委员会的会计底稿审查。这些平台企业的数据安全保障水平直接影响着国家安全。绝大多数中国概念股平台企业都采取"VIE 结构"（可变利益实体），即在境外设立空壳公司作为上市主体，境外空壳公司通过在境内设立子公司、签订一系列协议等形式控制国内的运营实体。这些平台企业普遍由外资机构持股甚至是控股，如泰和诚医疗、滴滴出行、百度、金融壹账通、京东，主要外资机构持股比例分别达到 75%、34%、32%、31%、29%。外资机构参股甚至是控股，其势必会获取甚至是控制平台企业积累的海量数据资源，一旦出现数据泄露、滥用、违规出境等情况，将成为威胁国家安全的严重风险隐患。

在数字经济全面发展的时代，数据安全风险就是国家安全风险。当前，全世界的数据正在流向美国，"数据依附"严重侵蚀国家主权。根据市场调研机构 Synergy Research 的统计，截至 2020 年，全球主要的 20 家云和互联网服务公司运营的超大规模数据中心数量为 597 个，其中，美国的数据中心数量远超其他国家，占比高达 40%，我国虽然位列第二但占比仅为 10%。

对数据进行国家安全审查，美欧等国家和地区早有先例。近年来，美欧等发达国家和地区不断强化数据出境的"长臂管辖"，全面强化对数据的安全审查。美国政府制定"受控非密"信息清单，界定"重要数据"的范围，包括农业、受控技术信息、关键基础设施、应急管理、出口控制、金融、地理产品信息等 17 个门类。2018 年，美国特朗普政府以国家安全为由打压华为，并游说全球盟友禁用华为 5G 设备；随后，抖音、微信的遭遇也是出于国家安全考虑。在《2019 年外国投资风险审查现代化法》中，美国进一步扩大了"涵盖交易"范围，不仅涉及"关键技术""关键基础设施"，还涉及"关键或敏感数据"，并明确将保存或收集美国公民敏感个人数据的外资背景公司纳入审查范围。在欧洲，2015 年 10 月 6 日，欧盟法院判决，美欧之间的"安全港原则"无效，5000 多家美国公司无法再依赖"安全港原则"进行跨大西洋的数据传输。2020 年 7 月，欧盟法院裁决，欧美之间用以取代"安全港原则"的"隐私盾协议"无效；2020 年 9 月，爱尔兰数据委员会要求 Facebook 停止向美国传送用户数据，如不遵守将面临高达 28 亿美元的罚款。

3.3 数据安全治理的国家探索

总的来看，我国数据安全治理领域的制度体系以三部法律为基础：《网络安全法》、《中华人民共和国数据安全法》（以下简称《数据安全法》）和《中华人民共和国个人信息保护法》（以下简称《个人信

息保护法》）。由于各自定位不同，三部法律在规范内容方面各有侧重
和特色，共同组成了我国数据安全治理的整体框架和制度，堪称我国
数据安全保障的"组合拳"。

《网络安全法》于 2017 年 6 月 1 日开始实施，是我国网络安全领
域基础性和综合性的法律，确立了包括网络安全等级保护制度、关键
信息基础设施保护制度在内的一系列运行安全制度，强调网络空间总
体安全。《网络安全法》实际上对应着 2015 年 7 月 1 日开始实施的《国
家安全法》，其中第 25 条提出要加强网络管理，维护国家网络空间主
权、安全和发展利益。关于数据安全治理，《网络安全法》重点从网
络运行安全、网络信息安全角度提出了数据管理要求，管理对象侧重
个人信息和关键信息基础设施收集产生的重要数据，管理范围侧重数
据采集、使用等特定环节。如关于网络运行安全的"一般规定"之一，
就是要"采取数据分类、重要数据备份和加密等措施"，关键信息基
础设施的运营者还应当履行"对重要系统和数据库进行容灾备份"的
安全保护义务。

《数据安全法》于 2021 年 9 月 1 日起开始实施，是我国数据安全
领域的基础性和专门性的法律。该法将数据安全工作的负责机构提升
至中央国家安全领导机构，提出要建立国家数据安全工作协调机制，
以加强对国家数据安全的重大事项和重要工作的统筹协调。《数据安
全法》将任何以电子或者其他方式记录的信息都纳入数据范畴，并对
数据的收集、存储、使用、加工、传输、提供、公开等全流程的数据
处理活动予以调整。从制度衔接上看，《数据安全法》从基础定义、
数据安全管理、数据分类分级、重要数据出境等方面，进一步加强与
《国家安全法》《网络安全法》等法律的衔接，成为我国数据治理法律
体系的重要组成部分。如《国家安全法》第四章第三节建立了风险预
防、评估和预警的相关制度，规定国家制定完善应对各领域国家安全

风险预案。数据安全风险评估、报告、信息共享、监测预警机制是《国家安全法》规定的风险预防、评估和预警相关制度在数据安全领域的具体落实。《数据安全法》在《网络安全法》第三十七条的基础之上规定，"其他数据处理者在中华人民共和国境内运营中收集和产生的重要数据的出境安全管理办法，由国家网信部门会同国务院有关部门制定。"《数据安全法》既与《网络安全法》相衔接，也实现了对所有重要数据出境的安全保障。《数据安全法》还就数据交易制度做了相关的原则性规定，第十九条规定国家建立健全数据交易管理制度，规范数据交易行为，培育数据交易市场；第三十三条规定数据交易中介服务机构的主要义务，规定从事数据交易中介服务的机构在提供交易中介服务时，应当要求数据提供方说明数据来源，审核交易双方的身份，并留存审核、交易记录。这些规定有利于在保障安全基础上，激励相关主体参与到数据交易活动中来，促进数据有序流动，充分释放数据红利。《数据安全法》正式施行标志着我国在数据安全领域有法可依、有章可循，为各行业数据安全提供监管法律依据，也使得我国数据安全治理的法律法规体系进一步完善。

《个人信息保护法》于 2021 年 11 月 1 日正式实施，是一部权益保护法，旨在维护人民群众在网络空间上的合法权益，是国家层面对个人信息保护问题做出的重大基础性法律制度安排。2016 年 11 月出台的《网络安全法》在"网络信息安全"一章中，对个人信息保护问题进行了规定，明确了个人信息保护的主要原则和基本规则，对于推动个人信息保护法治进程发挥了重要作用。随着技术创新应用的发展迭代，个人信息保护问题的复杂性、专业性和紧迫性进一步凸显，有必要制定统一的、专门的个人信息保护立法。《个人信息保护法》以《民法典》所确立的个人信息民事权益为基础，紧紧围绕规范个人信息处理活动、保障个人信息权益，确立了以个人"知情同意"为核心的数据处理规则，以及包括决定权、查阅复制权、可携带权、更正权、删除权等一系列权利，进一步细化、完善个人信息保护应遵循的原则和个人信息处理规则，明确个人信息处理活动中的权利义务边界，健全个人信息保护工作体制机制；还对敏感个人信息进行了定义和列举，规定了专门的处理规则。

以上述三大基本法律为基础，2021 年我国还出台了其他相关的法规和制度，如《关键信息基础设施安全保护条例》（2021 年 9 月 1 日开始实施）、《数据出境安全评估办法（征求意见稿）》（2021 年 10 月 29 日发布）、《网络数据安全管理条例（征求意见稿）》（2021 年 11 月 14 日发布）、《工业和信息化领域数据安全管理办法（试行）（征求意见稿）》（2021 年 9 月 30 日发布）。

总的来看，我国数据安全监管主要体现在对重点主体、重要数据类型、重要数据处理活动的监管上，明确界定、落实和强化关键信息基础设施运营者主体的责任，明确平台尤其是超大型平台在个人信息保护方面的责任，明确平台企业在跨境使用数据时的制度要求等。2021 年 11 月 14 日公布的《网络数据安全管理条例（征求意见稿）》明确提出，"国家建立数据分类分级保护制度。按照数据对国家安全、公共利益或者个人、组织合法权益的影响和重要程度，将数据分为一般数据、重要数据、核心数据，不同级别的数据采取不同的保护措施。""国家对个人信息和重要数据进行重点保护，对核心数据实行严格保护。"

在对重点主体的监管方面，2021 年 9 月 1 日开始实施的《关键信息基础设施安全保护条例》中，单独以整章篇幅，明确要求强化落实关键信息基础设施运营者主体责任。关键信息基础设施的安全是国家网络安全的重要方面，《网络安全法》《数据安全法》均对关键信息基础设施安全做出专门规定。《网络安全法》首次提出关键信息基础设施安全保护制度，在第三章中专门设置了"关键信息基础设施的运行安全"小节，以 9 条的篇幅对关键信息基础设施安全保护的基本要求、分工及主体责任等问题做出法律层面的总体安排。《关键信息基础设施安全保护条例》作为专门指导我国关键信息基础设施网络安全工作的重要行政法规，既体现出了与《网络安全法》《数据安全法》的一脉相承，又进一步专门针对关键信息基础设施安全做出了具体指导和明确要求。

《关键信息基础设施安全保护条例》的一大亮点是突出主体责任。第四条提出"强化和落实关键信息基础设施运营者主体责任"，反映了运营者负有重要责任，发挥着不可替代的作用。第三章明确提出了"运营者责任义务"：建设管理、安全审查、事件报告、检查配合。对于这些职责和义务在第五章"法律责任"中也做出了对应的规定。这些规定细化明确了运营者的主体责任和义务要求，从责任体系、制度建设、人员管理、能力建设、运行维护、供应链管理等方面指导运营者建立健全关键信息基础设施安全保障体系。此外，在强化运营者主体责任的基础上，还明确了监管责任、保护责任，使责任机制覆盖了保护工作的全部主体和全部主要职责。对于监管部门的监督管理行为、保护部门的保护指导行为，以及其他个人或组织实施的恶意破坏行为等，都明确规定了相应的法律责任，从而形成对关键信息基础设施保护工作的全方位责任保障。

《个人信息保护法》则针对关键基础设施运营者，处理个人信息达到国家网信部门规定数量的个人信息处理者，提供重要互联网平台服务、用户数量巨大、业务类型复杂的个人信息处理者，以及国家机关等特殊主体规定了专门的管理要求。例如，对大型互联网平台设定了特别的个人信息保护义务，包括：按照国家规定建立健全个人信息保护合规制度体系，成立主要由外部成员组成的独立机构对个人信息保护情况进行监督；遵循公开、公平、公正的原则，制定平台规则；对严重违法处理个人信息的平台内产品或者服务提供者，停止提供服务；定期发布个人信息保护社会责任报告，接受社会监督。这些规定旨在提高大型互联网平台经营业务的透明度，完善平台治理，强化外部监督，形成全社会共同参与的个人信息保护机制。

《网络数据安全管理条例（征求意见稿）》也针对大型互联网平台运营者提出了特定的监管要求，第五十三条提出，"大型互联网平台运营者应当通过委托第三方审计方式，每年对平台数据安全情况、平台规则和自身承诺的执行情况、个人信息保护情况、数据开发利用情况等进行年度审计，并披露审计结果。"对于日活跃用户超过一亿的大型互联网平台也提出了针对性监管要求，"日活用户超过一亿的大型互联网平台运营者平台规则、隐私政策制定或者对用户权益有重大影响的修订的，应当经国家网信部门认定的第三方机构评估，并报省级及以上网信部门和电信主管部门同意。"

在重点数据内容方面，《数据安全法》特别指出，"关系国家安全、国民经济命脉、重要民生、重大公共利益等数据属于国家核心数据，实行更加严格的管理制度。"核心数据安全监督与管理、评估与防护建设刻不容缓。《个人信息保护法》对敏感个人信息进行了定义和列举，规定将敏感个人信息定义为一旦泄露或者非法使用，容易导致自然人的人格尊严受到侵害或者人身、财产安全受到危害的个人信息，同时列举了敏感个人信息的种类，包括生物识别、宗教信仰、特定身份、医疗健康、金融账户、行踪轨迹等信息，以及不满十四周岁未成年人的个人信息。《个人信息保护法》将不满十四周岁未成年人的个人信息列为敏感个人信息，强化了对未成年人个人信息权益的保护。《个人信息保护法》规定了一些仅适用于敏感个人信息的特殊处理规则，知情同意原则是个人信息保护领域公认的首要原则，既适用于敏感个人信息，也适用于非敏感个人信息，意在实现与加强个人自决。针对敏感个人信息的处理，《个人信息保护法》提出了更高的要求，要求处理敏感个人信息应当取得个人的单独同意。

工业和信息化领域数据的监管也是当前的重点之一。2021年9月30日，《工业和信息化领域数据安全管理办法（试行）》（征求意见稿）面向社会征求意见。该管理办法定位为工业和信息化领域数据安全管理顶层设计，全面对接《数据安全法》要求。首先，在工业和信息化领域对国家数据安全管理制度进行细化，明确开展数据分类分级保护、重要数据管理等工作的具体要求，为行业数据安全监管提供制度保障。其次，明确了工业和信息化部、地方工业和信息化主管部门、地方通信管理局等管理部门的职责范围，建立权责一致的工作机制。再次，根据工业、电信行业实际情况，明确了数据全生命周期安全保护要求，指导行业、企业健全数据安全管理和技术保护措施，履行保护义务。

在对重点数据处理活动的监管方面，对于数据跨境使用的监管无疑是当前各界关注的焦点，也是当前数据治理立法制度建设的重中之重。

《数据安全法》将重要数据出境安全管理制度与《网络安全法》中规定的关键信息基础设施数据出境安全评估制度相衔接。《网络安全法》规定，关键信息基础设施的运营者在中华人民共和国境内运营中收集和产生的个人信息和重要数据应当在境内存储。因业务需要，确需向境外提供的，应当按照国家网信部门会同国务院有关部门制定的办法进行安全评估。

《个人信息保护法》用了一章共计6条的篇幅，对个人信息向中国境外提供的条件做了严格规定，并从不得降低个人信息保护标准的角度，要求个人信息处理者应当采取必要措施，保障境外接收方处理个人信息的活动达到该法规定的个人信息保护标准，明确提出，"关键信息基础设施运营者和处理个人信息达到国家网信部门规定数量的个人信息处理者，应当将在中华人民共和国境内收集和产生的个人信息存储在境内。确需向境外提供的，应当通过国家网信部门组织的安全评估。""非经中华人民共和国主管机关批准，个人信息处理者不得向外国司法或者执法机构提供存储于中华人民共和国境内的个人信息。"

《网络数据安全管理条例（征求意见稿）》在《网络安全法》和《数据安全法》的基础上，对于网络数据安全管理做出了更加完善和细化的制度规定。其中，针对数据跨境使用提出，"数据处理者因业务等需要，确需向境外提供数据的，应当通过国家网信部门组织的数据出境安全评估，数据处理者和数据接收方均通过国家网信部门认定的专业机构进行的个人信息保护认证。留存相关日志记录和数据出境审批记录三年以上。"

这些法律法规正式实施后，后续有望加快推进各项配套制度的出台和落实，从国家、地方、行业等多个层面构建和完善国家数据安全治理的制度体系，持续、全方位提升我国数据安全保障能力。贵州省、深圳市等地已出台地方条例，聚焦数据权属、风险管理、开放共享、数据交易等前瞻性的数据安全立法探索。还有一些领域如工业和信息化领域都在开展和建立行业数据安全管理制度。

国家层面关于数据安全治理的监督执法力度也在不断加大。2019 年 7 月，工业和信息化部开展了为期一年的电信和互联网行业提升数据安全保护能力的专项行动，指导重点行业加大网络数据安全保障体系建设的投入，加快完善数据防攻击、防窃取、防泄漏、数据备份和恢复等安全技术保障措施，提升企业数据安全综合防护能力。

自 2019 年以来，中央网信办、工业和信息化部、公安部、国家市场监督管理总局四部门持续开展针对 App 违法违规收集使用个人信息的专项治理，对问题较为严重的 App 进行了公开曝光，并制定和实施了《App 违法违规收集使用个人信息行为认定方法》，明确"未明示收集使用个人信息的目的、方式和范围""未经用户同意收集使用个人信息""违反必要原则，收集与其提供的服务无关的个人信息"等违法行为的具体含义。App 运营者履行个人信息保护责任义务的能力和水平明显提升，未来的实施力度有望进一步加大。工业和信息化部聚焦 App 违规处理用户个人信息、设置障碍、骚扰用户、欺骗误导用户等问题，纵深推进 App 侵害用户权益整治行动。截至目前，已组织检测 21 批次共 244 万款 App，累计通报 2049 款违规 App，下架 540 款拒不整改的 App，对违规行为持续保持高压震慑。同时不断强化应用商店关键责任链管理，督促应用商店加强自查清理，应用商店已主动下架 40 余万款违规 App。相关部门围绕网络黑产中的黑卡（手机卡、物联网卡）、黑号开展重点打击，网上黑卡数量连续两年降幅超 50%。

自 2021 年 5 月以来，摄像头偷窥等黑产集中治理工作深入推进，截至 8 月，查获非法控制的网络摄像头使用权限 2.5 万余个，收缴窃听窃照器材 1500 余套，清理相关违规有害信息 2.2 万余条，下架违规产品 1600 余件，对存在隐私视频信息泄露隐患的 14 家视频监控 App 厂商进行了约谈。截至 2021 年 9 月，"净网 2021"专项行动共抓获违法犯罪人员 1.6 万余名，对其中 6700 余人采取刑事强制措施。

2021 年 11 月，工业和信息化部发布通知，决定于 2021 年 11 月—2022 年 3 月，开展信息通信服务感知提升行动，从三个方面共计十项重点任务，推动实现服务举措"五优化"（优化自费套餐设置展示方式、优化双千兆服务宣传方式、优化隐私政策和权限调用展示方式、

优化 App 开屏弹窗信息展示方式、优化网盘类服务提供方式），建立
个人信息保护"双清单"（已收集个人信息清单和与第三方共享个人
信息清单），实现服务能力"四提升"（提升跨区域通办能力、提升携
号转网服务能力、提升客服热线响应能力、提升 App 关键责任链个人
信息保护能力）。

3.4 "他山之石"

从全球范围看，随着数字化转型加速，以及数据体量的持续扩大，
关于数据安全的探讨已由最初的个人隐私与企业机密上升至国家安
全的高度。据不完全统计，仅 2019 年上半年，全年被非法公开的各
类隐私数据高达 151 亿条；而在 2020 年疫情所导致的"网络不安全"
状态中，这一数字更是激增至 370 亿条，创历史新高。可见，数据流
动和开放利用虽然可以为各国带来巨大福利，但同时也会令公民隐私
面临黑客攻击、非法监控与被泄露等风险。

如今，随着技术创新及其应用模式创新的加速发展，新技术、新
业务迭代更加快速，数据安全威胁来源日益复杂，数据应用场景和参
与主体日益多样化，数据安全的外延不断扩展，数据要素的市场化、
全球数据安全治理博弈加剧，数据安全治理面临许多挑战。数据安全
问题已成为全球各国关注的重点。

网络空间已经成为全球博弈的新战场，针对关键信息基础设施的
攻击屡见不鲜。全球范围内针对关键信息基础设施的网络攻击破坏、
窃密等日趋加剧，涉及众多行业和领域，产生了极其广泛而深刻的影
响。全球范围内针对关键信息基础设施的供应链攻击、勒索攻击等安
全事件日益增多，不断动摇经济社会运行的根基。数据显示，2020

年全球勒索攻击次数同比增长 150%以上。网络安全重大影响已经渗透至经济与贸易、政治与外交、军事与安全等各个关键领域。

2015 年 12 月，乌克兰配电公司约 60 座变电站遭到网络攻击，其首都基辅和乌克兰西部遭遇数小时停电。2016 年 10 月，美国域名服务器管理机构 Dyn 遭到 Mirai 病毒攻击，众多网站无法访问，美国大半个互联网瘫痪。2021 年 5 月，美国最大成品油运输管道运营商 Colonial Pipeline 公司的工控系统遭勒索病毒攻击导致停机，造成近 100GB 数据被窃取及成品油运输管道运营中断。

为应对关键信息基础设施面临的安全威胁，世界主要国家和地区纷纷把关键信息基础设施安全保护上升到维护国家安全的高度，在网络安全战略制定和立法方面，将关键信息基础设施作为重点，给予了高度的政治关注和政策支持。总体来看，关键信息基础设施安全保护能力的提升不仅要依靠资金投入、技术提升等，更离不开政府的高度重视和政策支持，通过持续建立健全相关法律法规等制度体系来提升网络空间安全保障能力，越来越成为国际社会的共识。

美国。自 1998 年颁布《克林顿政府对关键基础设施保护的政策》以来，美国已发布"美国国家网络安全综合纲领"和"爱因斯坦计划"等多个大规模网络安全倡议和项目，以及《关键基础设施信息保护法》《增强关键信息基础设施网络安全框架（CSF）》等 20 余项关键信息基础设施的保护政策。美国最大输油管道遭遇网络攻击和勒索后，拜登政府立即发布《关于改善关键基础设施控制系统网络安全》国家备忘录，认为"关键基础设施的网络安全问题是美国面临的最重要和严峻的问题"。据不完全统计，拜登政府共出台了 19 项互联网行政令，其中 4 项与网络安全有关。

欧盟。2004—2006 年，欧盟启动"欧盟关键基础设施保护规划"，审议通过《欧洲关键基础设施保护计划》绿皮书；2011—2017 年间，欧盟陆续出台《网络与信息安全指令》《关键信息基础设施领域的物联网安全基线指南》等多项政策，推动成员国之间的安全战略协作和信息共享。

俄罗斯。2017 年颁布了《联邦关键信息基础设施安全法》，明确了俄罗斯联邦关键信息基础设施的保护范围、原则、机构、客体分级、安全评估及监管等要求；2018 年进一步决议通过《关于确认俄罗斯联邦关键信息基础设施客体等级划分的规定及俄罗斯联邦关键信息基础设施客体重要性标准参数列表》，强调关键信息基础保护的全面性和持续性，明确了等级划分和重要参数指标，建立分级安全监督流程和严格的法律制约体系。

数据对于国家经济增长和市场繁荣至关重要。主要国家越来越重视建立健全数据保护相关法律法规，以提高对个人信息的保护能力，同时也力争在全球数字贸易中占得先机。自 2008 年以来，G20 国家已经先后推行了超过 6600 项数据保护措施[29]。根据联合国贸易和发展会议（UNCTAD）的统计，截至 2021 年年初，全球 194 个主权国家中已有 128 个出台了各类旨在强化数据主权的立法[30]。

各国还日益重视个人信息的多重价值属性，纷纷出台个人信息保护的专门立法。2000—2010 年，有 40 个国家颁布了个人信息保护法，是前 10 年的两倍；2010—2019 年，又新增了 62 部个人信息保护法，

---

29 Susan Lund and Laura Tyson. Globalization isnot in Retreat: Digital Technology and the Future of Trade. Foreign Affairs.2018. https:// www. foreignaffairs.com/articles/world/2018-04-16/globalization-not-retreat.

30 UNCTAD：Data Protection and Privacy Legislation Worldwide. 2020. https://unctad.org/page/data-protection-and-privacy-legis-lation-worldwide.

比以往任何 10 年都要多。欧盟发布《通用数据保护条例》（GDPR）进一步强化个人数据管辖。美国发布《美国出口管制改革法案》《外国投资风险审查现代化法》《澄清海外合法使用数据法案》等系列法案，强化对个人数据流动安全审查，不断拓展管辖长臂；同时还有《加州消费者隐私保护法案》（CCPA）等层面的个人信息保护立法。2020 年，日本公布《个人信息保护法》修改法，力图解决个人数据在跨境流动中面临的风险。韩国、巴西、印度等国新近出台的诸多法律文件，都反映出个人信息保护的重要战略意义。

欧盟发布的《一般数据保护条例》（GDPR）被很多人看作当今世界上最为严格的互联网隐私与数据保护法，进一步强化了数据主体对个人数据控制的导向。适用对象从欧盟内的企业扩展到向欧盟用户提供互联网和商业服务的所有企业，企业必须建立个人数据操作监控记录机制，并采取数据安全保障措施，赋予互联网用户知情权、访问权、更正权、反对权、个人数据可携带权、被遗忘权和反对自动化处理的权利。GDPR 不仅扩大了个人数据的含义，引入假名数据的概念，并就数据许可、默认隐私保护、彻底遗忘权等权利内容做出了明确规范；同时规定了严厉的违规处罚，罚款范围为 1000 万～2000 万欧元，或企业全球年营业额的 2%～4%。

美国《加州消费者隐私保护法案》特别规定了企业在收集个人信息之时或之前向消费者履行的告知义务；关于选择退出出售个人信息之权利的告知义务（如设置"请勿出售"按钮）；关于为收集、出售或删除个人信息而可能提供的财务激励或者价格或服务差异的告知义务，以及企业隐私政策必须包含的内容。此外，它还强调"无区别对待"原则。企业不得因消费者行使其在 CCPA 下的权利而区别对待该消费者。但是，这不意味着企业不能提供差异化的价格或服务，前提是该等差异与相应消费者数据向企业提供的价值"直接相关"。受加利福尼亚州影响，伊利诺伊州、纽约州和华盛顿州都在筹备自己的个人信息保护法，不断出现的立法使科技公司开始支持联邦层面的统一立法。2019 年 11 月 26 日，多名民主党参议员联合提出《消费者线上隐私权法》（COPRA）。这份综合性隐私法案将向个人授予对他们数据的广泛控制权、设置关于数据处理的新义务，以及扩大美国联邦贸易委员会（FTC）在数字隐私方面的执法职能。COPRA 首先明确了个人的一系列数据权利，包括访问权、删除权、更正权和可携带权，以及反对数据转移给第三方的权利。其次，COPRA 指示美国联邦贸易委员会成立一个新的部门专门负责隐私和数据安全问题，并设立一个"数据隐私和安全救济基金"，用于补偿受影响的个人。最后，COPRA 向个人赋予了私人诉讼权，个人每天就每一侵权行为可以获得一般损害赔偿，赔偿金额为 100～1000 美元。

个人信息保护方面的执法日益严格。2018 年 3 月，《卫报》和《纽约时报》曝出英国政治咨询公司剑桥分析（Cambridge Analytica）在未获得用户授权的情况下，通过在线性格测验的方式获取了 8700 万个 Facebook 用户的个人信息，在 2016 年的美国总统大选中，这些数据被用于新闻或观点的精确投放，以帮助特朗普团队。"剑桥分析事件"后，美国联邦贸易委员会（FTC）重启对 Facebook 的调查，旨在探明其是否违反了和解令，并对 Facebook 处以 50 亿美元的罚款。2019 年 7 月 8 日，英国 ICO 宣布其拟就英国航空违反 GDPR 的行为对其处以 1.83 亿英镑的罚款。在该事件中，访问英国航空网站的用户流量被导向了一个欺诈性网站，大约 50 万名消费者的姓名、电子邮件地址、信用卡等信息遭到泄露。

在数据跨境流动领域，目前全球对跨境数据流动并未形成统一的监管框架，各国主要是从维护本国利益的角度出发采用不同的监管模式和设计跨境数据监管制度。

美国。自 2016 年以来，美国严格限制涉及重大科学技术及基础领域的技术数据和敏感数据的跨境转移。2018 年 3 月，美国议会通过《澄清境外数据的合法使用法案》（*Clarifying Lawful Overseas Use of Data Act*，CLOUD 法案，即《云法案》）。该法案秉承"谁拥有数据谁就拥有数据控制权"原则，实施"数据控制者"标准，允许政府跨境调取数据。美国《外国投资风险审查现代化法》（FIRRMA）的一项关键内容在于扩大管辖权，对于涉及"关键技术""关键基础设施""关键或敏感数据"的美国企业做出的特定非控股外国投资，都会被纳入安全审查范围。此外，美国还通过限制重要技术数据出口，以及特定数据领域的外国投资对数据跨境流动进行监管。

欧盟。欧盟一方面在内部积极推动成员国之间的数据自由流动，力促单一数字市场战略的形成；同时对于欧盟境内的数据向境外传输则实施严格监管。2018 年生效的《一般数据保护条例》主要目标是消除成员国数据保护规则的差异性，并在"欧洲数据自由流动倡议"框架下消除非个人数据在储存和处理方面的地域限制，推动欧盟范围的数据资源自由流动。2020 年 2 月，欧盟委员会发布数字化战略，包括《欧盟数字化总体规划》《欧洲数据战略》《人工智能白皮书》三个文本，即"欧盟数字新政"。特别是在《欧盟数字战略》中强调要确保欧盟成为"数据赋能社会"的榜样与全球领导者。

日本。在跨境数据流动方面只对涉及国家安全的敏感数据或关键数据进行监管；同时，要求涉及国家安全的数据必须实现本地化储存，但对其他数据不做格外限制。2017 年，日本设立了"个人信息保护委员会"（PIPC），作为独立的第三方监管机构，制定向境外传输数据的规则和指南。

数字经济时代，数据不仅成为基础性生产要素，更是国家经济运行机制的重要生产要素，日益成为一个国家重要的战略性资产、国家治理能力的基础性战略资源，成为构筑国家竞争优势的关键。仅从2018 年欧盟《通用数据保护条例》生效以来的几年看，全球数据安全治理呈现不断强化的态势。从发展趋势上看，未来全球各国对个人数据保护、数据跨境流动等的关注度还将持续提升。

平台互通与互联网初心

"互联互通是互联网行业高质量发展的必然选择。"2021 年 9 月 13 日，工业和信息化部新闻发言人、信息通信管理局局长赵志国在新闻发布会上表示："让用户畅通安全地使用互联网，也是互联网行业必须努力的方向。"

2021 年 9 月 9 日，工业和信息化部有关业务部门召开了"屏蔽网址链接问题行政指导会"，提出有关即时通信软件的合规标准，要求 2021 年 9 月 17 日前，各平台必须按合规标准解除屏蔽，否则将依法采取处置措施。阿里巴巴、腾讯、字节跳动、百度、华为、小米、陌陌、奇虎 360、网易等企业参会。

应该看到，这一监管动作也并非突发。2021 年 4 月 20 日，工业和信息化部表示将加强互联网行业市场的竞争监管，包括重点整治恶意屏蔽等扰乱市场竞争秩序的行为。2021 年 7 月底，工业和信息化部宣布开展为期半年的互联网行业专项整治行动，特别提到将重点整治恶意屏蔽网址链接和干扰其他企业产品或服务运行等问题，包括无正当理由限制其他网址链接的正常访问、实施歧视性屏蔽措施等场景。

开放、平等、共享本是互联网与生俱来的基因，也是互联网行业的题中之义。但互联网在中国经历了 20 多年的发展之后，却面临需要打通不同平台之间"壁垒"的问题。在我国致力于实现高质量发展的大背景下，推进平台互联互通，既是平台经济领域反垄断和维护市场公平竞争的重要话题，也是维护用户权益，让所有人共享数字经济发展红利的必然要求，更是互联网回归开放、包容、合作的初心要义的大势所趋。

4.1 日渐"封闭"的平台经济生态

A 平台分享链接，到 B 平台上就成了乱码，无法直接打开，要么需要口令复制，要么需要复制至浏览器中再打开。从搜索引擎优先推荐自家产品和内容，到社交平台屏蔽外来链接，不同平台之间互不相容的现象由来已久。屏蔽外链似乎已经成为互联网巨头之间开展竞争的"标配"，用户早已司空见惯，同时也备受困扰。从根本上说，屏蔽外链的目的在于平台依托自身已经建立起来的垄断性的流量优势，人为抵御和限制竞争，实现自身商业利益的最大化。这种现象被称为"围墙花园"（Walled Garden），这是一个有关互联网领域封闭系统的隐喻，出自早期的拨号上网，当时互联网服务提供商试图将用户限制在自己的专有内容中，而不是把业务定位为通往整个网络的门户。后来被用来指代运营商或服务供应商控制应用、内容和平台上的媒介（如移动设备）的情形。

较早引发广泛关注的是 2010 年爆发的"3Q 大战"。当年 11 月全国的 QQ 用户都收到了这样的弹窗信息：腾讯 QQ 和奇虎 360 安全卫士互不兼容，腾讯宣布在装有奇虎 360 软件的计算机上停止运行 QQ 软件。用户必须卸载奇虎 360 软件才可登录 QQ，置用户于"二选一"的境地。其直接导火索是奇虎 360 开发的"隐私保护器"专门搜集 QQ 软件是否侵犯用户隐私；随后腾讯反击，指出奇虎 360 浏览器涉嫌借黄色网站推广。此次大战最终在工业和信息化部的调停下得以终结。当时阿里巴巴、新浪等互联网平台纷纷宣布实施开放平台策略。

但到了 2013 年，淘宝封禁了来自微信的访问，随后微信将导向淘宝网的流量渠道全部关闭。彼时，阿里巴巴、腾讯两大超级平台几乎渗透至我国经济社会各个领域，可以说这两大平台在分别构建起了属于自己的商业帝国的情况下，选择性屏蔽来自竞争对手的外部链接，不同平台之间"敌友"界线明确、亲疏有别几乎变成行业共识。

2018 年，"头（今日头条）腾（腾讯）大战"喧嚣一时，字节跳动旗下的抖音、西瓜视频、火山小视频等链接不能分享至微信和 QQ。

2020 年，字节跳动旗下飞书被限制传播，飞书当即发布公告，对腾讯封禁飞书域名开打"口水战"，到 2021 年冲突更是升级和公开化。2021 年 2 月 2 日，抖音向北京知识产权法院起诉腾讯垄断。认为腾讯通过微信和 QQ 限制用户分享来自抖音的内容，构成了《反垄断法》所禁止的"滥用市场支配地位，排除、限制竞争的垄断行为"，要求法院判令腾讯停止这一行为，并索赔 9000 万元。2021 年 2 月 7 日，北京知识产权法院正式受理抖音诉腾讯垄断纠纷案。这也被很多人看作"国内互联网平台反垄断第一案"。

伴随着正式的反垄断起诉，还有双方你来我往的回击。腾讯认为字节跳动的相关指控是恶意诬陷，字节跳动旗下的抖音等多款产品通过各种不正当竞争方式违规获取微信用户个人信息，破坏平台规则，已被法院多个禁令要求立即停止侵权。抖音再度回应，认为微信平台上的个人用户信息不是腾讯的私家财产，获取用户授权后不再需要获得腾讯同意。

2020 年 8 月，抖音称，自 2020 年 9 月 6 日起，第三方链接需要通过星图进入直播间购物车；自 2020 年 10 月 9 日起，第三方来源的商品将不再支持进入直播间购物车，这意味着淘宝、京东等外部商品无法接入抖音。

几乎在同一时期，有用户抱怨美团外卖无法使用支付宝而引起舆论关注。当时的美团高管公开发文称："淘宝为什么还不支持微信支付？"对此言论做出回应的是饿了么官微发出了一张饿了么平台可用微信支付的截图。

种种屏蔽、"口水战"不一而足，用户苦"屏蔽"久矣。

互联网在中国 20 多年的发展历程，何以逐渐偏离开放共享的初心而日渐走向"封闭"？巨头之间相互屏蔽的背后争夺的究竟是什么？

答案很明确，就在平台经济新商业的竞争之道中。

基于网络的平台经济从根本上改变了工业时代的资源配置方式、企业组织方式，以及人与人的交往方式，催生着新的商业模式和业态。市场竞争重点也较以往出现了显著变化。

焦点一是数据竞争。数据成为企业创新之重要基础。数据的收集、存储和利用都有着无限的想象空间。企业需要面对的最大竞争就是数据之争，因为数据已经成为生产过程中的基本要素和资产，围绕数据的利益纠葛和商业战争上升到了前所未有的高度。企业要在激烈的市场竞争中立足，需要超越简单的商业利益和市场份额，瞄准关键核心要素——数据。未来一切商业的根本都是围绕数据做生意，离开了数据，企业的商业模式创新、组织创新等都可能成为无本之木。平台之间围绕数据和流量的利益纠葛和商业战争，上升到了前所未有的高度。

焦点二是流量竞争。流量即意味着用户的注意力。从表面上看，今日头条是以内容为优势产品的新闻聚合类平台，腾讯则以社交为核心优势，但两家之间的竞争日益白热化。从根本上说，它们争夺的核心焦点是流量。对于已经成长为超级平台的领头企业来说，算法、计算能力等基本不是主要问题，而竞争中一个重要的门槛就是流量。无论是电商平台、物流企业、新闻聚合平台、电信运营商，还是关注大数据发展的基础信息化业务的企业，都在围绕数据和流量积极布局未来。形成了庞大商业帝国的平台企业，已经拥有了具有相当竞争优势的流量入口。

以"头腾大战"为例。腾讯旗下的社交产品不管是 QQ 还是微信，长期以来一直堪称"国民级应用"，但近两年，以算法推荐为基础的个性化内容服务商如今日头条等，因其所提供的内容更具有用户针对性、形式更加生动直观而备受欢迎，短时间内就积累了大量的用户群体。根据 QuestMobile 发布的《中国移动互联网 2018 半年大报告》，截至 2018 年 6 月，包括微信在内的腾讯系 App 总使用时长下降了6.6%，而今日头条系 App 总使用时长则增加了 6.2%。诺贝尔奖获得者赫伯特·西蒙在对经济发展趋势进行预测时曾说过："随着信息的发展，有价值的不是信息，而是注意力。"经济学家大卫·埃文斯则提出过"注意力竞争"理论，他认为竞争可能并不只会发生在那些生产类似产品、提供类似服务的企业之间，只要这些企业都重视用户的注意力，它们之间就可能存在竞争关系。整个今日头条系应用产生的庞大数据流量无疑对腾讯的优势市场地位形成了巨大的威胁。

近 10 多年来，伴随平台经济快速发展的是一批巨头平台企业的崛起。发展之初，这些平台往往从某个具体的应用场景和领域起步，也是本着互联互通的要义进行布局。但随着其商业版图的不断扩大，在市场竞争中逐渐积累了日益庞大的用户规模、技术力量和数据优势，在向更多的领域渗透扩张的过程中，也努力打造一个纵横交错、自己可以控制用户对其基础应用和核心服务进行访问的生态系统，甚至在多个垂直领域建立起属于自己的"领地"，平台经济生态越来越呈现出集中趋势，由最初的"开放"走向相对"封闭"。

4.2　平台"拆墙"意味着什么

2021 年 4 月 13 日，国家市场监督管理总局首次提出"严防系统封闭，确保生态开放共享"，指向互联网平台更深层次的治理难题。9 月，工业和信息化部开展以屏蔽网址链接为重点的互联网行业专项整治行动，这一行动引发广泛关注并被热议。互联网"破壁行动""拆墙""打破藩篱""破冰"等词语出现在大量的媒体报道中。此次专项整治行动到底意味着什么？笔者看来至少有以下两点。

一是反垄断行动正在走向深入。

其实在此之前，关于互联网平台的兼容问题、链接屏蔽问题，相关主管部门已经出台若干制度和规定。

2011 年年底发布、2012 年 3 月 15 日起施行的《规范互联网信息服务市场秩序若干规定》（工信和信息化部 20 号令）中第五条规定，禁止互联网信息服务提供者通过恶意干扰和恶意实施不兼容行为，侵犯其他互联网信息服务提供者合法权益。

2021 年 8 月，国家市场监督管理总局公布《禁止网络不正当竞争行为规定（征求意见稿）》，其中第三章将"无正当理由，对其他经营者合法提供的网络产品或者服务实施屏蔽、拦截、修改、关闭、卸载，妨碍其下载、安装、运行、升级、转发、传播等"列入不正当竞争行为；第四章提到，经营者不得利用技术手段，通过影响用户选择、限流、屏蔽、商品下架等方式，减少其他经营者之间的交易机会。

屏蔽网址链接还可能涉嫌违反《反垄断法》和《反不正当竞争法》。前者主要针对的是有市场支配地位的平台，后者针对的是一般市场主体的不正当竞争行为。《反垄断法》明确规定，"有市场支配地位的经营者，不得滥用市场支配地位，排除、限制竞争，没有正当理由，不得拒绝与交易相对人进行交易。"屏蔽链接可以看作拒绝交易行为。《反不正当竞争法》第十二条规定，经营者不得利用技术手段，通过影响用户选择或者其他方式，恶意对其他经营者合法提供的网络产品或者服务实施不兼容，妨碍、破坏其他经营者合法提供的网络产品或者服务正常运行。

"强化反垄断和防止资本无序扩张"是 2021 年八项重点任务之一。国务院反垄断委员会于 2021 年 2 月发布《关于平台经济领域的反垄断指南》，明确"二选一"等行为可能构成滥用市场支配地位行为。国家市场监督管理总局发布的《中国反垄断执法年度报告（2020）》显示，2020 年垄断案件结案 109 件，罚没金额 4.5 亿元；收到经营者集中申报 520 件，立案 485 件，审结 473 件。

此次工业和信息化部开展的专项整治行动意味着我国反垄断监管正在走向深入，与 2020 年以来互联网平台反垄断的监管思路一脉相承，并直指一些长期以来困扰行业发展和用户体验的顽疾。

二是平台互联互通成为大趋势。

关于专项整治行动的后续安排，工业和信息化部明确提出：下一步将加强行政指导，对整改不到位的问题，将继续通过召开行政指导会等多种方式，督促企业抓好整改落实；同时，对于整改不彻底的企业，也将依法采取处置措施，整改一批典型违规的行为，查处一批典型违规的企业，最终推动形成互通开放、规范有序，保障安全的互联网发展良好环境。

这意味着，监管部门从解除链接屏蔽着手，力图推动互联网平台互联互通已是大势所趋，不同网络平台之间的互联互通必将取得实质性进展，解除对外部链接的屏蔽和封禁，实现经营者之间的互联互通实际上也是回归互联网的本心和初衷，或许仅是推进互联网生态开放的一个新起点。

针对工业和信息化部专项整治工作要求，腾讯、阿里巴巴、今日头条等平台都做出明确回应。腾讯称，坚决拥护工业和信息化部的决策，在以安全为底线的前提下，分阶段分步骤地实施。阿里巴巴表示，互联是互联网的初心，开放是数字生态的基础。阿里巴巴将按照工业和信息化部相关要求与其他平台一起面向未来，相向而行。今日头条呼吁，所有平台行动起来，不找借口，明确时间表。

尽管如此，平台围绕数据和流量的竞争仍没有停止。

过去，在互联网商用起步阶段，大部分企业都是单打独斗式的竞争。为了不断巩固竞争优势和打造自己的商业壁垒，初步具备竞争优势的平台开始采用投资、兼并收购等形式不断扩大渗透领域，以自己的主业为中心，向外围吸收更多具备潜在发展实力的中小企业，以此不断扩大自己的商业版图。平台之间屏蔽链接的一个重要目的就是将流量私有化，并保持自己控制范围内的独立性。谁也不想把自己获得的用户和流量贡献给竞争对手，也不希望过度依赖其他人的流量。

平台之间相互"封闭"也是互联网市场竞争日益白热化的结果。尤其是经过 10 多年的发展，我国移动互联网市场的红利呈现出萎缩态势，用户增长面临"天花板"效应，让巨头们不得不为之心焦。QuestMobile 发布的数据显示，2021 年 6 月，中国移动互联网用户规模达到历史最高值 11.64 亿个，同比净增 962 万个，但较 2020 年 6 月同比净增大幅放缓。

从各自相对"封闭"回到互联网平台开放互通的初衷，不管是对用户体验还是对整体的市场环境和营商环境来说，都意味着重大利好，有助于促进市场公平竞争，确保更多新入者都能平等地获取到网络资源和机会，从长远来看必将促使平台经济整体的"蛋糕"做大，使得参与各方都能从中获益。

阿里巴巴董事会主席兼首席执行官张勇在集团 2021 财年 Q1 财报分析师会议上表示，互联是互联网的初心，开放是数字生态的基础，平台之间的大循环能产生的社会价值，一定远远大过在单一平台内的小循环。平台间如果能够互联互通，肯定会带来新的改革红利。

无独有偶。腾讯总裁刘炽平在公司 2021 半年报业绩沟通会上也"隔空回应"了平台互通问题，"腾讯的生态环境'本质上'是开放的，我们的生态目标就是让中小型公司能够融入其中，让个人、中小型企业和商家能够'公平地'直接和用户产生联系，提高效率。就是在这个原则下，腾讯开发了更多的工具，希望能够达到这样的目标。不同平台有不同的制度，例如，不同于其他平台，我们不会额外向商家收取佣金，平台之间的打通是非常复杂的问题。"

不断强化的监管意味着今后互联网行业或将打破孤立、封锁和相比屏蔽的状态，朝着更开放、更包容和兼容的方向发展。在政府有效干预与市场有效调节的共同作用下，以超大平台为核心相对封闭的运行状况有望被打破。已具备相当市场竞争优势的大型平台不能只考虑商业利益和市场竞争的需要，而必须从合规发展和创造社会福利的角度出发，构建并适应新的公平竞争环境。一旦巨头平台的产品和服务能够很好地融入竞争对手的平台，就意味着用户能够便捷地在不同平台之间切换，也便有了更大的权力和自由度选择自己喜欢的产品和服务。

在充分竞争的环境下，信息内容质量及功能和服务更完善、用户体验更好的应用和服务，从长期看必然能持续吸引更多的用户，形成日益强化的用户黏性，并最终转化成平台收益。那些尽管目前看流量高但功能和服务不完善、用户体验差的产品，长期看流量终会被分走。真正以用户为中心、以产品和服务品质立足市场的时代，即将到来。

对广大中小企业尤其是创业企业而言，则意味着更多的市场机会和创新发展空间。过去，已经形成强大市场优势的平台巨头基于自己的商业利益和市场策略，将更多的数据、客户、流量资源导向与自己存在紧密商业利益关系的"嫡系"，形成了以不同的超级平台为核心，各自孤立和相对封闭的"商业孤岛"。各个细分领域的企业为了获取更多的包括资本、流量、用户等市场资源，而不得不"站队"，"投奔"超级平台。初创企业与超级平台企业之间关系的疏密显得至关重要，甚至直接决定了它们获取用户和进行市场拓展的成本和速度。大型平台之间相互限制和屏蔽等行为，不仅影响了信息的自由流动和网络互通，严重侵犯用户权益，也导致互联网行业出现"大树底下不长草"的局面，市场创新活力受到遏制。

平台互联互通表面上解决的是网络生态开放的问题，实际上是在反流量垄断。反垄断的目标之一就是要消除巨头之间的割裂，使数字平台走向互联互通，从而为更多创新组织创造公平发展空间。平台互通后，作为市场的后进入者，初创平台企业的发展和崛起，将越来越取决于其在产品、服务、运营等多方面的创新能力，将越来越难以单纯依靠外部的数据和流量导入而扶植起来。

不过目前重点整治的是不同平台之间的链接屏蔽问题，这并不等于平台之间完全的数据打通。专项行动对于不同的市场主体，比如大企业和小企业、具有不同商业基因的平台类型等，利弊影响可能各不相同，实际效果尚需进一步观察。不管是对用户个体利益的影响，还是对整个平台经济长期创新发展的影响，都需要实践更进一步的验证。无论如何，此次平台之间开放外链将是改写互联网商业版图最大的不确定性因素。

4.3 安全新挑战

过去，各大平台限制外部链接在一定程度上存在合理的商业利益诉求和平台治理的必要性，毕竟平台作为数据安全和信息审核的重要责任人，所有平台企业在信息内容治理、个人隐私保护、平台数据安全等方面都承担相应的主体责任。

以微信为例，过去几年微信对外部链接管理越来越严格的一个重要考量就是保障用户体验和数据安全。从朋友圈过度泛滥的营销推广信息、诱导性转发和跳转链接、违规拼团，到谣言欺诈、非法获取和使用用户数据等相关内容，也都被微信列为违规信息。微信曾于 2016 年发布《微信外部链接内容管理规范》，此后也经历过多次修订并新增违规信息的范畴。甚至连腾讯旗下的腾讯新闻出现"打开腾讯新闻，阅读原文"这类需要用户跳转或下载第三方 App 的内容时，相关链接也会被微信屏蔽。

字节跳动设有专门的内容安全审查部门，审查不安全内容，审核商家的假冒伪劣产品。据报道，其安全审核部门人数高达一两万人。字节跳动对于平台上来自外部的链接也有屏蔽，在 2021 年 4 月的抖音电商发布会上，其公司高管曾针对外界关于抖音直播屏蔽"第三方"链接做出回应，因为商品从外部链接跳出去后，平台很难做有效的检查和管控，导致大量用户投诉。

可以说，任何一个互联网平台都在投入大量人力、财力和物力去建立相应规则，加强平台安全保障，完善平台治理。对于平台之间互通可能面临的挑战，网友有句话很形象："打开窗户进来了春风，也进来了苍蝇、蚊子。"

从用户的角度看，平台之间服务互通和直接跳转的背后，意味着一系列的数据传递和共享，意味着不同平台都可能获取更全面、更准确的用户静态信息和动态数据，对于用户的个性化画像将越来越精准，用户的隐私空间可能越来越小。一旦这些数据和信息被滥用，其后果势必相当严重。

谣言等不良信息可能在多平台之间更快地传播，花样频出的营销信息可能更加泛滥，一些灰黑产在各平台之间更快传播，诈骗、诱导分享、黄色暴力等不安全外链可能被隐藏在社交信息之下，更加难以察觉。电信诈骗等各种网络犯罪活动如果得以在不同平台上顺利地大行其道，一旦用户财产权益受损，互联互通的各大平台会不会出现责任不明确的情况。这些都意味着用户可能需要花费更多的精力和成本在信息辨识上。

开放链接后一旦出现诱导链接甚至灰黑产的不法链接和诈骗信息，平台主体责任如何落实？其实类似的违法违规现象之前也出现过。比如，在抖音上通过合法的内容获取流量和用户，引流到微信群或 QQ 群实施诈骗；在淘宝上用合规产品积累的用户，诱导到微信和QQ 等平台，通过新建群开展违法违规活动，以逃避监管。平台互通后，相关的安全管理责任、边界确定等是非常大的难点。

有一点是确定的，平台互通后，企业尤其是大型平台将在保障数据安全等方面承担更大的主体责任，也可能意味着平台治理和维护成本的大幅增加。比如此次，微信放开外链是实现平台之间互联互通的重要部分，约束违规外链的难度势必会更高。开放后如何有效监管，无疑对微信提出了更高的要求。一方面，作为国民级的应用平台所积累起的技术实力和治理经验，是有能力为开放链接之后的网络安全提供支撑的；另一方面，持续投入地维护健康良好的网络生态，也是头部平台应当履行的重要社会责任。

4.4 监管新课题

"互联互通"一词最早源于 20 世纪 30 年代电信领域，而且就目前看国内外涉及"互联互通"的法律法规也主要集中在电信业务领域。曾经，圈地筑墙、想方设法把用户限制在自己的服务生态体系里，是电信领域普遍存在的竞争和垄断流量模式。2011 年以前，还流行一个"北电信南网通"的说法，导致一家企业同时接入两个网络线路的现象相当普遍，因为它想要服务好全国的客户，如果不接入两个网络线路，网速可能会大受影响。民间还流传着诸如"世界上最远的距离不是天涯和海角，而是电信和联通"之类的调侃。因此，促进电信基础设施的互联互通，是一种行业内竞争治理手段，既是监管部门对主要电信业务经营者施加的责任和义务，也是电信业务市场开展有效市场竞争的制度保障。

而今天，在平台经济快速崛起的时代，"互联互通"又被赋予了新的内涵。尤其是 2021 年，随着我国互联网反垄断的步步深入和落实，平台企业如何适应新的监管环境成为一个重要的议题。

从国家长远发展战略和经济社会总体价值创新层面看，充分发挥政府这只"有形的手"来干预平台经济市场，借助行政力量推进网络平台之间互通，进而构建新的平台经济生态，实现资源共享和价值共创，无疑对于确保未来我国数字经济高质量发展具有重要意义。毕竟，互联网的发展一定要能够使得老百姓的生活更加方便，能够促进经济社会更全面发展，推动互联网行业平台经济更加健康有序发展。

在这样一个大的前提下，再进一步想，或许从打破相互屏蔽入手，推进平台之间的互联互通，也只是指明了一个大方向，也是向市场发出了合规发展的信号。但后续该如何优化具体的落地实施，如何制定执行细节，如何在做好有效监管的同时确保市场创新活力不受影响，等等，都是摆在监管部门面前的新课题。

电信业务是一个边界明确的管制性行业，因而可以通过行业立法、监管执法等手段规定其经营者必须履行互联互通义务。与此不同，平台经济则是一个业态构成复杂、涉及产业众多、商业模式创新层出不穷的相当宽泛的领域，既包括管制性行业，如非银行支付业务，同时还存在大量诸如新零售、新制造等非管制性行业。因此要实现平台互通，相关制度建设亟须加强。

从制度依据上看，目前已发布的《国务院反垄断委员会关于平台经济领域的反垄断指南》第二十一条，将"开放网络、数据或者平台等基础设施、许可关键技术、终止排他性协议、修改平台规则或者算法、承诺兼容或者不降低互操作性水平等行为性条件"作为经营者集中的救济措施。这一点可看作平台互通用以借鉴的相关概念。但从实践层面看，采取这些救济措施并不适用于所有平台企业，需要针对具体个案具体分析。因此，什么是平台互通、平台之间在什么条件下实现互通等，目前看并没有法律法规层面的规定，有待进一步研究和明确。

在这种情况下推进平台互通，如果要将其作为一种平台企业必须履行的义务，那还需要进一步厘清相关的概念和责任边界。另外，还要充分考虑到企业的商业利益，毕竟平台企业在相关数据的收集、加工、处理、安全保障等多个方面都需要投入大量成本，如何有效保护和激发平台的创新积极性，也是需要权衡和慎重思考的问题。

平台之间的互联互通是一个系统工程，开放外链只是其一小部分内容，后续可能还涉及诸如 API 接口开放、个人数据可携带与互操作如何实现等一系列问题。

在制度建设方面，需要把短期的专项整治工作和长期的制度建设有机结合起来，既要做好近期专项整治工作，也要注意加强面向未来的制度建设。比如数据权属、安全标准等，实际上都是事关平台经济长远发展的根本性和基础性问题。

仅就现阶段专项整治平台间屏蔽链接的问题而言，工业和信息化部信息通信管理局局长赵志国强调："怎样保障合法的网址链接正常访问，这是互联网发展的基本要求。"就是说，安全合法的网址链接必须无障碍访问，平台之间网址链接等不同类型的问题将分步骤、分阶段得到解决。此次专项整治活动提出了平台之间解除链接屏蔽的三条合规标准：一是具有外部网址链接访问功能的即时通信软件，对于用户分享的同种类型产品或服务的网址链接，展示和访问形式应保持一致；二是具有外部网址链接访问功能的即时通信软件，用户在即时通信中发送和接收合法网址链接，点击链接后，在应用内以页面的形式直接打开；三是不能对特定的产品或服务网址链接附加额外的操作步骤，不能要求用户手动复制链接后转至系统浏览器打开。

但进一步想，仍存在许多未解的疑问。比如，安全是互联互通的底线，那什么样的互联互通是安全的？什么样的外部链接存在安全风险？如何判定诱导转发、有害链接？等，目前看都不十分明确。完全依靠平台企业的评判可能存在不公正的嫌疑，但目前国家层面并没有相应的统一标准和界定机构。尤其是，链接放开后，谁来为各种信息安全、用户权益最终负责，这也是个重要问题，如果处理不好，极易造成由多头监管导致的"真空"。

《电子商务法》第三十八条规定："电子商务平台经营者知道或者应当知道平台内经营者销售的商品或者提供的服务不符合保障人身、财产安全的要求，或者有其他侵害消费者合法权益行为，未采取必要措施的，依法与该平台内经营者承担连带责任。"试想，如果在微信中打开了淘宝的链接，并完成了交易，一旦交易过程中出现了产品质量问题、支付安全问题等，究竟是哪一方的责任呢？一旦出了产品责任问题，谁应该按照法律规定"采取必要措施"呢？在这种情况下，微信和淘宝都是相关责任主体，它们分别应该在事前采取什么措施？两者作为确保平台交易安全的责任主体，是什么关系？等，这些都意味着，平台之间互联互通并不是看上去那么简单，需要进一步完善相关配套制度，做好相关制度之间的衔接。

因此，在法律法规制度还不健全的情况下，相关部门需要针对数据安全、技术安全等问题开展行政指导。在市场能发挥基础作用的领域，更多地遵循负面清单规则，采取以"设立红线"为主的底线监管，厘清平台治理边界，避免平台规则滥用。努力在加强市场监管的同时，最大限度地保护和进一步激发平台企业的创新活力。

此外，关于平台在互联互通过程中如何加强数据治理和安全保障的问题，还需要注重充分发挥平台企业内生治理的作用。在完善平台治理方面，企业都有动力参与，政府如何发挥好平台企业在互联互通中的作用，让它们参与到协同治理过程中，也是值得深入研究的重要问题。

正如北京大学新闻与传播学院教授胡咏所言，中国互联网的互联互通问题积重难返，既有数据安全问题也有隐私保护问题，既有数据共享问题也有流量竞争问题，复杂问题交织，犹如乱麻。

4.5 "摸石头过河"

就全球范围看，其他国家在数字经济发展过程中同样面临如何打破巨头平台之间相互隔离的壁垒问题。如在美国，大型互联网平台也曾经历过激烈的相互封杀阶段，2017 年以来 Facebook 和 Twitter 出于长远利益的考虑逐步和解，亚马逊和谷歌的视频内容都可以在智能硬件设备上播放。

苹果的 iOS 系统堪称最为封闭的手机操作系统，它从硬件、软件和服务三个方面建起了自己的"中心式"封闭生态系统。在它自建的这个封闭系统中，苹果既是立法者也是裁判。苹果在移动领域的战略被描述为旨在创造一个"完全集成的封闭系统"，其中公司"保持对整个产品生态系统的高度控制"。2015 年苹果推出 Apple News，让出版商忧心忡忡，因为这意味着他们将无法与订阅用户建立直接联系，用户的电子邮箱、信用卡账号这些个人信息将被苹果享有，只有在获取用户同意的情况下，苹果才能共享用户的个人信息。

美国另一大平台 Facebook 也存在同样的问题，2014 年 Facebook 向发展中国家的用户补贴访问 Facebook 产生的流量费用，哈佛大学法学院教授苏珊·克劳福德（Susan Crawford）批评道："这正在巩固和扩大现有的不平等，并将导致人类生活的想象力贫乏。"美国联邦委员会（FTC）曾指控 Facebook 对第三方软件开发商设限，阻碍它们与 Facebook 平台互联，还切断 API 访问来削弱竞争对手在社交网络服务、移动通信和其他社交领域的潜在威胁。不过 2021 年 6 月，美国地方法院驳回 FTC 的起诉，认为依据现有反垄断法，Facebook 没有义务帮助竞争对手。

从立法层面看上，近年来欧美的竞争立法中出现了平台之间互通相关的规定。

2020 年 12 月，欧盟提出《数字市场法案》（*Digital Markets Act*）草案，其中提出了"守门人（gatekeeper）"的概念。"守门人"的义务包括开放生态、赋予用户及其授权的第三方访问数据的权限并为访问提供便利，以及不能在技术上限制终端用户在不同 App 或服务间进行切换等，规定某些大型在线平台有义务保证其竞争者能以同样的条件接入其操作系统、软硬件功能并具有"互操作性"。

美国众议院司法委员会 2021 年 6 月通过了《数据进入法案》（*Access Act*）。

这些立法方面的探索都体现出对大型平台打破隔离、服务互通的要求。但总的来看，目前仍都处于探索阶段，最终能否真正落地，或者说最终将对平台提出怎样的互通责任和义务要求，仍存在很多疑问和很大的不确定性。

可以说在如何促进互联网平台互联互通，甚至是如何进行有效的反垄断监管方面，目前各国都处于一种"摸石头过河"的状态，并没有现成的可供借鉴的经验。

在中国，2021 年 9 月 17 日，微信按照工业和信息化部行政指导的要求，发布了《微信外部链接内容管理规范》，落实"以安全为底线"的互联互通，提出了微信平台外链开放的四条原则：一是防止出现违反国家法律法规的行为；二是防止出现过度获取用户隐私、危害网络信息安全与数据安全的行为；三是防止出现过度营销、诱导分享等有损用户利益的行为；四是坚持用户为本，将更多选择权交给用户。具体的外链管理措施将分阶段分步骤实施，第一阶段的措施主要包括：一是用户升级可以在一对一聊天场景中访问外部链接；二是为用户提供自主选择权。群链接因涉及广大接收方用户，将继续开发功能便于用户自主个性化选择；三是设立外部链接投诉入口，用户可以举报违法违规外链。平台将按照相应规则处理，并对外链提供平台的管理有效性设立信用分级。从用户在发布该公告的"鹅厂黑板报"微信公众号下方的留言和评论来看，支持的、点赞的、质疑的、担忧的，各种态度不一而足。效果究竟如何，还有待时间给出答案。

2021 年 9 月 18 日上午，笔者在几个平台上进行了测试：

在微信上打开口令内淘宝商品的链接时，页面提示"该网页可能不是由微信提供，微信无法确保内容的安全性，如果要继续访问，请注意保护好个人信息"，选择"继续访问"后，可以到达淘宝商品页面；在企业微信中点击淘宝及商品相关链接，会进入一个提示页——"经用户投诉，网站可能包含不安全内容"，用户选择"继续访问"，即可进一步操作，登录进入淘宝首页，由该页面打开手淘，或者直接在页面中完成整个购买流程。

在微信上打开抖音视频，也已经可以通过口令内链接，单击"继续访问"打开。

今日头条资讯链接在微信聊天内则可以正常打开，但如将今日头条资讯分享到微信朋友圈，则只有本人能看到，他人无法查看到该条信息，屏蔽似乎依然存在。

通过微博发布、私信等功能打开淘宝链接时，则会出现"复制使用浏览器访问"的提示，无法通过微博 App 直接打开。

在支付互通方面，2021 年 1 月，中国人民银行发布《非银行支付机构条例（征求意见稿）》，提出强化反垄断监管。中国人民银行行长易纲在公开致辞中也明确提到，要推动大型互联网平台企业开放封闭场景，充分保障消费者支付选择权。9 月 30 日，微信官方发布微信支付与云闪付深化支付合作与互联互通的声明，微信支付已与银联云闪付 App 正式实现线下条码的互认互扫，用户可于全国省会城市通过云闪付 App 扫描微信收款码完成支付。在支付互通的基础上还推进服务互通，如云闪付 App 全面支持 Q 币、QQ 音乐和腾讯视频的充值服务，微信小程序逐步支持云闪付支付等。阿里巴巴旗下的饿了么、考拉海购等应用也在陆续接入微信支付。10 月 9 日，淘特宣布上线微信扫码付功能，即淘特通过和微信有合作关系的第三方支付机构合作，实现与微信的互联互通。部分用户开始测试，"双 11"前完全开放。

平台互联互通，既是维护用户基本权益，让更多人共享数据红利的基本要求，也是平台经济反垄断和维护市场公平竞争环境的应有之义。在"高质量"成为我国经济社会发展重要导向的时代背景下，无论从立法立规的制度建设还是从监管实践看，基于互联互通的开放、包容、共享、合作、创新将成为必然。而今，平台互联互通迈出了具有里程碑意义的一步。

算法的挑战与应对

05

2021 年 2 月，国务院反垄断委员会制定发布的《关于平台经济领域的反垄断指南》中，25 次提到"技术"，22 次提到"数据"，10 次提到"算法"，对于以技术手段、数据和算法等工具实施的垄断行为高度关切，也标志着平台企业"利用算法实施共谋""大数据杀熟""搜索降权""二选一"等可能侵害消费者权益的行为正式进入规范化监管视野。

如今，随着互联网、大数据、算法与人工智能等的发展日新月异，平台经济的崛起使得追求物美价廉、方便快捷的消费者与世界各地的商品和服务之间的距离只是点击几下鼠标而已。网络世界、新兴技术正在使我们更加便利、舒适，我们每天都在享受平台经济繁荣发展带来的福利。大数据和算法等技术功不可没。克里斯托弗·斯坦纳在其著作《算法帝国》里对算法推崇备至，认为构建算法模仿、超越并最终取代人类，是 21 世纪最重要的能力，未来属于算法及其创造者。科技哲学家凯文·凯利在其著作《失控》中指出："人们在将自然逻辑输入机器的同时，也把技术逻辑带到了生命之中……机器人、经济体、计算机程序等人造物也越来越具有生命属性。"[31]随着平台经济在

---

31 凯文·凯利. 失控——全人类的最终命运和结局［M］. 北京：新星出版社，2010：125.

人类经济社会各领域的快速渗透，我们的生活已经悄悄地被算法和数据控制，算法与数据接管了整个社会[32]。算法为人类行为赋能，但受所输入数据的质量及算法模型本身的限制，内在地嵌入了人类正面或负面的价值观，并能动地制造着各种风险[33]。阿里尔·扎拉奇在其《算法的陷阱：超级平台、算法垄断与场景欺骗》一书中指出，精妙的算法与数据运算改变了市场竞争的本质，复杂多变的市场现实已在悄无声息中将权力移交到少数人的手中，因此，必须由监管机构及时采取可行的方法和政策，有效化解算法带来的各种风险，促使创新能够真正为社会带来正面意义。

5.1 算法支撑的世界

从计算的视角来看，算法实质上是一种计算机语言，具备通用性、有效性、有限性及确定性特征[34]。所以算法实际上就是一系列解决问题的计算机指令。当今世界，算法正在快速渗透经济社会各个领域。就平台经济发展而言，算法是平台实现供需信息快速精确匹配及服务定价的主要技术手段，高效、便捷的算法不仅能够满足人们多元化、个性化和动态化的需求，还能大大降低交易成本，提升平台运营效率，并不断实现数据价值增值和创新，更好地服务用户需求和社会进步。

---

32 张凌寒. 算法权力的兴起、异化及法律规制［J］. 法商研究，2019(4)：63 -75.

33 黄晓伟. 互联网平台垄断问题的算法共谋根源及协同治理思路［J］. 中国科技论坛. 2019（9）：9-12.

34 张铭，王腾蛟，赵海燕. 数据结构与算法［M］. 北京：高等教育出版社，2008.

网络平台和算法等技术条件是实现供需匹配、动态定价等交易规则的制定、交易过程的安全与信用保障等不可或缺的重要支撑。

没有大数据和算法的支撑就不会有平台经济的快速发展。现代信息技术应用引发的新一轮科技革命推动人类从开发自然资源向开发信息资源拓展，算法成为解决特定场景中特定问题的重要技术手段和工具。随着计算工具的出现和迭代发展，编码形式的计算程序开始在各种产品设备中运行，以自动化或半自动化的方式取代了一些流程化、机械化的工作，社会生产效率随之大大提升。人们的工作和生活方式也随之发生着显著变化，基于算法的服务在潜移默化中渗透到了工作生活的方方面面。

算法对于平台经济发展的重要作用，首先体现在高效的供需匹配上。

在平台经济活动中，要对数量庞大的需求方和供给方进行配对、撮合，就需要一个强有力的中介，这个中介就是功能强大的网络平台。以电商平台为例，网络平台为电子商务交易提供了日益透明的市场环境和自由的信息流动空间，使得消费者可以迅速地对不同商品的价格、质量、用户评价等多个方面进行对比，并据此做出自己的购买选择。网络平台构建起来的透明的市场环境通过"降低消费者搜寻成本与推动供应商合理对标竞争对手的方式提高市场效率"[35]。对卖方（供应商）而言，他们可以根据平台上实时的需求状况进行库存管控，既能确保将产品更快地送达消费者，也可以更好地应对市场需求的波

---

35 Organization for Economic Co-operation and Development, Roundtable on Information Exchanges between Competitors under Competition Law, Note by the Delegation of the United States, DAF/COMP/WD(2010)117,11, http://www.justice.gov/sites/default/files/atr/legacy/2014/09/17/269282.pdf.

动。而且，基于平台上的交易数据、用户提供的个性化数据及其他相关数据，还可以进一步开展大数据分析，对用户进行"千人千面"画像，在深入分析每个用户的行为模式、爱好、习惯等各种特点的基础上，开展精准营销、个性化服务和风险控制。建立在算法基础上的智能客服，可以提升客服服务的响应速度，从而提高效率和降低成本。随着互联网技术、大数据分析、人工智能、基于位置的服务技术等支撑而发展起来的共享经济平台，也是一个典型。依托共享经济平台，生产者与消费者直接进行动态、多变、复杂的网状连接和点对点交易成为现实，其背后的技术支撑就是平台企业所设计和运营的复杂算法。并且，随着平台上用户规模的不断扩大，交易活动和数据的持续积累，以及外部市场环境的变化，作为技术支撑的平台算法还在不断优化和调整。算法在供需双方资源配置方面发挥着越来越重要的作用，从一定程度上说正在取代传统企业的组织、管理和协调功能。算法支撑的共享型平台的崛起，大大削弱了传统意义上劳动者（员工）对企业组织的依赖关系，只要拥有相应的生产资料或一技之长，劳动者个体（服务提供者）就可以通过共享平台直接为需求方提供服务。如网约车司机可以自由地加入或退出各类共享出行平台，向顾客直接提供用车服务，多数情况下网约车司机与共享平台之间并不存在长期固定的雇佣关系，平台对司机的管理模式也大大突破了传统的组织管理规则。因此，共享经济的发展也意味着算法正在日益从根本上改变着企业的组织形态和运营模式。共享经济新业态快速发展的重要原因在于，大数据、云计算、人工智能等算法技术的应用大幅降低了交易成本，包括搜索匹配成本、谈判成本、交易实施和监督成本等，从而提高了整体的经济活动效率。从技术层面看，高效供需匹配的重要技术基础就是海量数据与智能算法。尤其是随着人工智能和算法的发展，此前基于人力的"人找信息"转变成基于数据挖掘和机器学习的"信息找人"。借助于个性化的算法推荐，平台还可以实现"数据收集

—算法分析—推荐服务—用户正反馈"这一循环,不断地改善用户体验和强化用户交易习惯,并持续增强用户黏性。

1998 年,亚马逊(Amazon)平台应用基于物品的协同过滤算法,将算法推荐应用于服务千万级用户和处理百万级商品的规模,由此平台销售额提高了 35% 左右,这被看作算法推荐从实验室走向商业公司的一次成功应用。2006 年,原本从事 DVD 租赁的奈飞(Netflix)公司为改善其影片推荐效果,悬赏百万组织算法推荐系统大赛,并凭借大赛成果转型成为线上影片点播平台,"算法推荐"的概念也进一步得到推广。2012 年,视频平台 YouTube 开始改变其原来只通过点击和浏览量对内容进行排序的做法,尝试加入诸如观看时长、分享、喜欢等多维度参数,形成更为复杂的推荐算法,并以此为基础向用户呈现视频流。2016 年 9 月,YouTube 以论文《深度神经网络在 YouTube 推荐系统中的应用》(*Deep Neural Networks for YouTube Recommendations*)的形式描述了从大规模可选内容中寻找最适合推荐结果的算法路径。社交媒体 Facebook、Twitter 等也纷纷采用个性化信息流的方式为用户提供信息服务,毫无疑问都带来了用户使用时长、广告点击率等的大幅增长。算法推荐这一技术革新极大地提升了信息分发的效率和精准度,并颠覆了人与信息的相处方式,也正因如此,算法推荐逐渐被广泛地应用于经济社会发展的多个领域。

在我国,自 2012 年起,今日头条平台在业内较早将算法推荐系统应用到资讯领域的产品中,实现了系统的自动学习推荐。据介绍,今日头条平台的推荐系统综合考量内容特征、用户特征、环境特征等多种因素进行决策,每种因素还会有更多的考量维度和场景,如环境特征包括上班期间、上班路上、下班休息等不同场景下用户的兴趣偏好信息。为帮助用户发现更多兴趣点,今日头条平台不断引入多领域的优质内容生产者,并运用算法推荐给不同类型的用户;推出"灵犬"

反低俗助手，剔除低俗信息。推荐系统还增加了"消重"和"打散"策略，"消重"的目的在于剔除内容相似文章的推荐，"打散"则是为了降低同领域或主题文章的推荐频率。

基于数据和算法的定价机制和信用保障体系，也是平台经济的突出特点。平台经济中价格结构具有重要作用。平台企业往往会根据所处的不同发展阶段，灵活地调整价格结构策略，实现自身发展收益最大化。平台的另一种定价机制是基于大数据的动态定价。之所以要进行动态定价，根据基本的经济学原理，价格是最敏感的市场因素，可以迅速调节供给和需求，使其达到均衡，实现资源配置效率最大化，产品和服务的定价应该交给市场，自由的价格策略能促使资源流向效率更高的领域，从而有效促进市场竞争。

平台经济的发展还离不开信用保障体系建设。平台交易具有典型的"缺场"交易特点，面临的最大问题就是信息不对称，买卖双方信息不对称程度要高于面对面交易。消费者在线下交易过程中，通常可以物理性地接触到所购商品或者感受服务体验；但在线上交易过程中，消费者往往接触不到实物商品，而是通过图片展示和网站上发布的文字信息来了解商品。当然随着技术应用的进步，近年来还出现了VR展示和短视频展示的形式，但不管哪种方式，消费者在达成交易前所看到的都不是所要购买的实物。借助于网络和算法技术的支撑，共享经济平台可以建立起供需双向评价机制，从而对交易各方产生约束作用，产品或服务提供方必须努力做到最优，以获得好评，并得到更多需求；需求方也会更加注重自己的诚信积累。双向评价机制还有助于解决信息不对称问题，为其他服务供给方和需求方的匹配提供重要依据。大数据征信是治理和规范共享经济中的失信行为的重要措施。如今，基于算法的服务也在潜移默化中渗透到工作生活的方方面面。当你随意点开手机上某个 App，查找"附近的商场"，或者要去哪里的最优路线，或者浏览各种新闻资讯，背后都有复杂的算法做支撑和提供服务。手机 App 等应用工具也同时全天候地在采集所有用户的应用数据，这些数据又成为进一步分析和计算的基础，并不断优化各种基于算法的服务。

5.2　算法何以沦为"算计"

经过长期的数据沉淀和算法优化，你的手机、你的常用 App 在某些方面确实会比你的家人、好友甚至你本人更了解你。这就意味着，当我们在利用算法的时候，也不自觉地成了被算法计算的对象。

算法引发的第一个问题是"大数据杀熟"，这也是近年来才出现的备受关注的热词。意指同样的产品或者服务，老客户看到的价格反倒比新客户所看到的更高。而且还存在同一用户信息在不同网络平台之间被共享的问题，许多用户都遇到过这样的情形：在一个网站浏览或搜索的内容很快会被另一个网站进行推荐或成为其广告客户。

在传统销售模式下，通常是老客户能够享受到更多的优惠，这些优惠往往通过会员卡、积分制等不同形式来实现，也广为大众所接受。然而通过网络平台开展的许多销售活动，却出现了相反的情况：随着用户在某个平台上消费次数的增加、消费金额的不断提高，其最开始能够享受到的各种优惠却会逐渐消失，甚至变成老用户可能要付出更高的价钱获得服务，而新用户则能够享受到各类优惠。

这种问题在美国早就引起过热议，2000 年亚马逊曾对 68 款碟片进行类似的定价机制。新顾客购买价格为 22.74 美元，老顾客却需要 26.24 美元。在引起消费者广泛质疑后，亚马逊 CEO 贝佐斯回应这只是随机价格的一种测试，并向高价客户退还差价，这次风波才得以平息。2012 年《华尔街日报》又爆料一家名为 Staples 的文具店的"差别定价"事件。

2019 年 3 月,北京消费者协会发布"大数据杀熟"问题调查结果,88.32%的被调查者认为"大数据杀熟"现象普遍或很普遍,11.68%的被调查者认为"大数据杀熟"现象一般或不普遍。有 56.92%的被调查者表示遭遇过"大数据杀熟"。被调查者认为,在网购平台、在线旅游和网约车等消费中的"大数据杀熟"问题最多,经历过这三类 App 或网站"大数据杀熟"的被调查者占比分别为 44.14%、39.5%和 37.17%。而相比消费者遭遇"大数据杀熟"的普遍性,事后维权的并不多。调查结果显示,遭遇"大数据杀熟"后,26.72%的被调查者选择向消费者协会或市场监管部门投诉,25.56%的被调查者选择不再去这个商家消费,17.43%的被调查者选择忍气吞声、自认倒霉,11.71%的被调查者选择与商家理论,要求赔偿。

无论基于地理位置、手机型号还是浏览记录和购买记录,出现这种差别定价的根本依据就是大数据。从某种意义上说,"大数据杀熟"属于大数据营销,部分平台在有了大数据这个强大的用户画像工具后,实现了千人千面的定价机制。利用大数据技术对用户资料进行细分,根据用户习惯建立用户画像,然后通过画像给用户推荐相应的产品与服务,并且进行差异化定价。

根据《中华人民共和国价格法》第十四条规定,经营者提供相同商品或者服务,不得对具有同等交易条件的其他经营者实行价格歧视。由于该法未针对"同等交易条件"进行详细解释,严格说来,网络平台依据大数据分析所做的"差别定价"并不能完全和"价格歧视"画等号。人们之所以会对"大数据杀熟"产生怀疑甚至愤怒,根本上是因为平台定价机制和供需匹配规则不透明。基于用户注册及个人信息、地理位置、消费记录、搜索习惯等行为数据,平台能够针对不同的用户形成独特的用户画像。这一画像有助于平台为用户提供精准的个性化服务，但也埋下了"大数据杀熟"的潜在风险。针对新老用户或不同消费习惯的用户，一些平台提供的同一产品或服务，存在较为严重的价格歧视现象，引发广泛争议。平台定价机制和供需匹配规则的不透明，还使得消费者在权益遭到损害时陷入举证难、维权难的境地。

算法引发的第二个问题可以被称为"信息茧房"和"回声室效应"。美国知名教授桑斯坦在《网络共和国》一书中描述了"个人日报"现象。伴随网络信息的剧增和算法技术的发展，人们能够在海量的信息中随意选择自己关注的话题，完全可以根据自己的喜好订制报纸和杂志，每个人都拥有为自己量身订制一份个人日报的可能。

算法导向的新闻推荐技术使得人们更便利地接触个体感兴趣的信息。智能推荐的功能加剧内容的重复性，用户在观看并点赞后，算法能自动识别内容特色，生成用户喜好基因，并加大对相似内容的推送，在不知不觉间制造起一个"信息茧房"。"信息茧房"可能带来的后果是，长期被禁锢在其中的个人，其思维甚至是生活可能呈现出一种定式化、程序化的状态，失去了解不同事物的能力和接触机会；另外，还可能加剧人与人的差异性、分化，甚至很有可能带来一大批社会极端分子，从而带来安全威胁，影响社会的稳定。

经济学家安东尼·唐恩斯认为，人们容易从观点相似的人那里获取信息，从而减少信息成本。网络虚拟社群一方面使爱好相似的人们聚集到一起，但高度同质化的聚集也减少了他们接受多元化声音的可能，从而形成封闭的"回声室"。

算法给用户推荐的信息内容，如新闻标题、内容、图片、评论等，都会影响用户的情绪，甚至改变用户的思想和观点。在这些场景中，算法本身只是从优化业务的角度出发进行推荐和内容分发，这些算法的长期高频率使用，在客观上深刻地影响着用户的思想和行为，甚至影响整个社会的价值传播。因此，算法作为一种技术工具，或许是中立的无所谓正向或负向价值观，但如果算法技术与商业利益密切联系，或者被应用于与人和社会相关的场景时，必然会引发一系列社会问题，不容回避。

算法引发的第三个主要问题是流量造假和流量劫持。一些平台或商家通过人为或机器操作手段提高关键词搜索量、平台用户数、广告点击量、视频播放量、产品购买量、服务评论数等，还有部分平台通过强制跳转、妨碍破坏等技术手段，或者使用定向引流、广告混淆等非技术手段劫持本应属于竞争对手的流量，诱导用户使用己方的产品或服务。

2018 年，"蔡徐坤一条微博转发量过亿"流量造假事件引发关注；2019 年 6 月，操纵该事件的幕后推手"星援"App 被查。2021 年 3 月，中国裁判文书网公布的"星援"App 开发者蔡坤苗的判决书披露，该事件中，蔡坤苗控制多达 19 万个微博账户（俗称"小号"），以"黑客"方式入侵新浪微博数据库，获取不登录新浪微博客户端即可转发微博博文的功能，通过自动批量转发的方式，在短时间内刷出惊人的转发量。

在直播电商领域中，2020 年新华社曾报道，山东临沂电商从业者孙玲玲，在某电商平台经营一家销售糖果类产品的店铺，一个月内，孙玲玲找了多位带货主播，这些主播粉丝数量都超过百万，但几乎每场带货都以赔钱收场，流量造假问题也相当突出。

流量造假和流量劫持不仅侵害了竞争对手的合法利益，导致被侵权企业的商业机会减少、用户流失、商誉损害；而且错误和虚假的数据还会混淆消费者的产品认知，进而做出非理性的消费行为，消费者的知情权、自主选择权、公平交易权受到侵害；广告商等其他主体的商业判断也会受到影响，市场正当竞争秩序遭到破坏。

当前关于规范恶意流量竞争的制度尚不健全。一是法律规定较为模糊，尤其是对于流量不正当竞争行为的构成要件与法律责任缺乏明确界定；二是平台企业流量竞争手段越来越隐蔽和复杂，导致不正当竞争行为的举证、认定及对损害和赔偿额度的确定都存在较大难度。随着网络技术的进步与平台经济的发展，如何规制流量恶意竞争等新型不正当竞争行为、营造公平竞争的市场环境，成为亟须深入研究的重要课题。

此外，还有操纵榜单和控制热搜等问题。"热搜"原本反映的是当前舆论最关切的热点问题，但在实践中我们发现，其后台算法有可能被滥用，出现操纵榜单、控制热搜、人为制造舆论热点等问题，严重影响着民众对热搜的信任。2020 年 6 月 10 日，新浪微博被国家互联网信息办公室北京市互联网信息办公室约谈，约谈重点是针对微博在某舆论事件中干扰网上传播秩序，以及传播违法违规信息等问题，新浪微博被责令立即整改，暂停更新微博热搜榜一周，并从严予以罚款。

5.3　规制实践与算法向善

卓别林的电影《摩登时代》对机器操控产业工人的讽刺，以及马克思著作《1844 年经济学哲学手稿》对机器工业化时代人类"异化"的警示，无不提醒我们，就像机器流水线有可能凌驾于劳动工人之上一样，当今无处不在的算法如应用不当，也有可能成为一种凌驾于人之上的力量，为人和社会的发展带来新的风险。有效加强算法监管，积极应对新技术发展带来的挑战，让人类更好地享受新技术发展的福利，是顺应平台经济发展趋势的必然要求。

从国际上看，许多国家的监管部门都高度关注算法隐含的风险。针对智能算法在投资顾问中的应用，美国证券交易委员会（SEC）、美国金融业监管局（FINRA）、澳大利亚证券和投资委员会（ASIC）出台了具体的智能投顾监管指引。欧盟《一般数据保护条例》（*General Data Protection Regulation*，简称 GDPR）第二十二条对自动化决策加以限制，如果某种包括数据分析在内的自动化决策会对数据主体产生法律效力或对其造成类似的重大影响，数据主体有权不受上述决策的限制。2020 年 9 月，国际证监会组织（International Organization of Securities Commissions，简称 IOSCO）市场中介机构委员会发布中介机构如何应用人工智能和机器学习的咨询报告，提出具体指导方针，以协助 IOSCO 成员建立适当的监管框架，监督市场中间商和资产管理人应用人工智能和机器学习。欧盟《数字服务法案》（*Digital Services Act*，简称 DSA）授权"数字服务协调员"（Digital Services Coordinators）监管大科技公司的合规情况，其中包括用于定向或精准广告的算法是否合法，并要求平台企业公布其算法如何自动向在线客户推送内容或商品的细节。

我国针对算法应用这一全新的治理课题正在不断加强相关领域的制度建设和规范。如早在 2018 年，我国资管新规《关于规范金融机构资产管理业务的指导意见》就提出要避免智能算法的顺周期性风险，要求金融机构应当根据不同产品投资策略研发对应的人工智能算法或者程序化交易，避免算法同质化加剧投资行为的顺周期性，并针对由此可能引发的市场波动风险制订应对预案。因算法同质化、编程设计错误、对数据利用深度不够等人工智能算法模型缺陷或者系统异常，导致"羊群效应"、影响金融市场稳定运行的，金融机构应当及时采取人工干预措施，强制调整或者终止人工智能业务。2020 年 12 月中共中央印发的《法治社会建设实施纲要（2020—2025 年）》提出，制定完善对网络直播、自媒体、知识社区问答等新媒体业态和算法推荐、深度伪造等新技术应用的规范管理办法；加强对大数据、云计算和人工智能等新技术研发应用的规范引导。

尤其是 2021 年出台的系列制度，从反垄断等不正当竞争、保护消费者权益、保护个人信息安全等不同角度和侧重点，对算法应用引发的"大数据杀熟"行为提出了规范要求，这是算法规制的第一个重点。

2021 年 2 月，《关于平台经济领域的反垄断指南》规定，基于大数据和算法，根据交易相对人的支付能力、消费偏好、使用习惯等，实行差异性交易价格或者其他交易条件；对新老交易相对人实行差异性交易价格或者其他交易条件；实行差异性标准、规则、算法；实行差异性付款条件和交易方式等，都可能被认定为"大数据杀熟"等不正当竞争行为而面临更严格的监管。

2021 年 8 月，国家市场监督管理总局公布的《禁止网络不正当竞争行为规定（公开征求意见稿）》第二十一条指出，经营者不得利用数据、算法等技术手段，通过收集、分析交易相对方的交易信息、浏览内容及次数、交易时使用的终端设备的品牌及价值等方式，对交易条件相同的交易相对方不合理地提供不同的交易信息，侵害交易相对方的知情权、选择权、公平交易权等，扰乱市场公平交易秩序。这里的规定重点是针对"差别待遇"形式的不正当竞争行为，其中就包括常见的"大数据杀熟"行为。这里的重点是从市场监管角度出发，更关注如何有效保护消费者财产权益。

从监管的角度来看，《反不正当竞争法》对"大数据杀熟"行为的规制的最大特点在于，企业并不需要具备市场支配地位，无论平台企业的市场地位如何，经营者利用技术手段，通过影响用户选择、限流、屏蔽、商品下架等方式，或通过限制交易对象、限制销售区域或时间、限制参与促销等方式，实施"二选一"行为，或者利用数据、算法等技术手段，通过收集、分析交易相对方的交易信息、浏览内容及次数、交易时使用的终端设备的品牌及价值等方式，对交易条件相同的交易相对方不合理地提供不同的交易信息，侵害交易相对方的知情权、选择权、公平交易权等，扰乱市场公平交易秩序，实施"大数据杀熟"的行为，均会受到《反不正当竞争法》的限制。这也就意味着所有企业在运用算法时都需要密切关注，努力做到合规经营。

2021 年 11 月 1 日开始正式实施的《个人信息保护法》，第一次在法律文本中定义了"自动化决策"一词的含义，即"通过计算机程序自动分析、评估个人的行为习惯、兴趣爱好或者经济、健康、信用状况等，并进行决策的活动"。对利用个人信息进行自动化决策做了针对性的规范，要求个人信息处理者保证自动化决策的透明度和结果的公平、公正，不得通过自动化决策对个人在交易价格等交易条件上实行不合理的差别待遇，并在事前进行个人信息保护影响评估。个人认为自动化决策对其权益造成重大影响的，有权拒绝个人信息处理者仅通过自动化决策的方式做出决定。可以说，这里的规定更加强调对用户人格权益的保护，旨在保护个人信息安全。

算法规制的第二个重点是，算法在互联网信息服务领域的应用。

习近平总书记曾明确指出：从全球范围看，媒体智能化进入快速发展阶段。我们要增强紧迫感和使命感，推动关键核心技术自主创新不断实现突破，探索将人工智能运用在新闻采集、生产、分发、接收、反馈中，用主流价值导向驾驭"算法"，全面提高舆论引导能力。

　　2021 年 8 月，国家互联网信息办公室就《互联网信息服务算法推荐管理规定（征求意见稿）》向社会公开征求意见。该征求意见稿中明确，所谓的算法推荐技术，是指应用生成合成类、个性化推送类、排序精选类、检索过滤类、调度决策类等算法技术向用户提供信息内容。这意味着，今日头条、抖音等信息流平台，微博等用户生成内容（UGC）平台都在被监管范围内。甚至在微信朋友圈内常见的信息流广告，亦是推荐算法的结果，也应该遵守相关规定。该征求意见稿第一次区分了生成合成类、个性化推送类、排序精选类、检索过滤类、调度决策类五类向用户提供信息内容的算法技术，并就算法推荐服务提供者的责任和义务、算法推荐服务公告和算法备案等制度、算法推荐未成年人模式做出了详细规定。其中至少五个算法规制值得重点关注：不得实施流量造假和流量劫持、不得操纵榜单和控制热搜、不得诱导未成年人沉迷网络、向用户提供便捷的关闭算法推荐服务的选项，以及加强平台用工权益及消费者权利的保障等。

　　在网络信息内容生态方面，该征求意见稿提出，算法推荐服务提供者应当坚持主流价值导向，优化算法推荐服务机制，积极传播正能量，促进算法应用向上向善。强调要"建立完善人工干预和用户自主选择机制"，也就是说，不能依赖算法进行内容推荐，要增加人工识别及筛选的过程，在首页首屏、热搜、精选、榜单类、弹窗等重点环节积极呈现符合主流价值导向的信息内容。这意味着，在压实互联网信息服务平台主体责任方面，除了要求对谣言及其他不法信息进行治理，算法决策的合规化也是一个重要抓手。

　　在平台算法推荐服务过程中，依据何种算法和逻辑使用数据，将成为平台算法规制的重要内容。该征求意见稿对算法推荐服务提供者在算法规则及公示方面提出了要求。第十二条提到，应综合运用内容去重、打散干预等策略，并优化检索、排序、选择、推送、展示等规则的透明度和可解释性。第十四条规定，应以显著方式告知用户其提供算法推荐服务的情况，并以适当方式公示算法推荐服务的基本原理、目的意图、运行机制等。尤其还提出，要求赋予用户选择权。第十五条提到，算法推荐服务提供者应向用户提供不针对其个人特征的选项，或向用户提供便捷关闭算法推荐服务的选项。如果用户选择关闭，应立即停止对其提供相关服务。这与《个人信息保护法》中关于个人信息权及撤回同意的相关内容一脉相承。

2021 年 9 月，国家互联网信息办公室印发《关于加强互联网信息服务算法综合治理的指导意见》，提出要用三年左右时间，逐步建立治理机制健全、监管体系完善、算法生态规范的算法安全综合治理格局。在健全算法安全治理机制方面，要致力于打造形成政府监管、企业履责、行业自律、社会监督的算法安全多元共治局面。尤其是要强化平台企业主体责任，明确提出，企业应强化责任意识，对算法应用产生的结果负主体责任，并建立算法安全责任制度和科技伦理审查制度。同时还要强化行业组织自律和鼓励网民监督参与。在构建算法安全监管体系方面，提出要对算法安全进行监测和评估，建立算法备案制度。在促进算法生态规范发展方面，则提出要推动算法公开透明，督促企业及时、合理、有效地公开算法基本原理、优化目标、决策标准等信息，做好算法结果解释，畅通投诉通道。

算法规制的第三个重点是，其在调度类平台和新就业形态方面的应用，如网约车和外卖平台。这类平台的算法设计需要考虑劳动者和消费者的双重约束。

从保护平台劳动者权益的角度看，2021 年 7 月，人力资源和社会保障部等八部门和国家市场监督管理总局等七部门先后发布了《关于维护新就业形态劳动者劳动保障权益的指导意见》和《关于落实网络餐饮平台责任 切实维护外卖送餐员权益的指导意见》，要求企业合理制定订单分配、计件单价、抽成比例、报酬构成及支付、工作时间、奖惩等制度规则和平台算法,提出通过"算法取中"等方式,替代"最严算法"的考核要求。对于网约车平台,2021 年 5 月,交通部、国家市场监督管理总局等八部门联合约谈滴滴出行、曹操出行、高德、货拉拉等多家平台企业,要求平台应主动公开定价机制和计价规则,持续优化派单机制。曹操出行、滴滴出行等平台已提出推进抽成公开。曹操出行表示,已通过司机端展示等方式对现行分成比例公开。滴滴出行在 2021 年 5 月宣布推进公开订单抽成,推动司机账单透明化。《互联网信息服务算法推荐管理规定(征求意见稿)》第十七条提出,算法推荐服务提供者向劳动者提供工作调度服务的,应当建立完善平台订单分配、报酬构成及支付、工作时间、奖惩等相关算法,履行劳动者权益保障义务。

第

6

章

新就业形态之"困"与破解之道

06

2021 年 7 月 26 日、27 日，美团的股价连续两天暴跌 13% 和 17%，两天市值蒸发了 4854 亿港元（约 4052 亿元人民币），经历了史上极其黑暗的两天。而引发暴跌的直接导火索就是 26 日国家市场监督管理总局等七部门联合印发的《关于落实网络餐饮平台责任 切实维护外卖送餐员权益的指导意见》。文件的核心要求有三点：一是保障平台上劳动者的收入，不得低于当地最低工资标准；二是不得将"最严算法"作为考核要求，按照"算法取中"原则，适当放宽配送时限；三是完善平台劳动者的社会保障。

事实上，在 2021 年 7 月，除了这份文件，由不同部门牵头、多部门联合印发的旨在强化相关领域劳动者权益保障的指导性文件还有三份：交通运输部等七部门印发的《关于做好快递员群体合法权益保障工作的意见》、人社部等八部门发布的《关于维护新就业形态劳动者劳动保障权益的指导意见》和中华全国总工会印发的《关于切实维护新就业形态劳动者劳动保障权益的意见》。

国家高度重视新就业形态人员的利益保障。2021 年 5 月 26 日，国务院常务会议指出，督促引导平台降低过高收费、抽成及新商户佣金和推介费比例。会议强调，深入推进反垄断、反不正当竞争执法，依法查处具有优势地位的企业为抢占市场份额恶意补贴、低价倾销等行为。整治各种乱收费、乱罚款。同时，做好基本保障兜底，推动个体工商户及灵活就业人员参加社会保险，放开在就业地参保的户籍限制，探索将灵活就业人员纳入工伤保险范围。而在 2021 年 7 月 7 日召开的国务院常务会议上，一系列加强新就业形态劳动者权益保障的政策措施被明确下来，包括以出行、外卖、即时配送等行业为重点开展灵活就业人员职业伤害保障试点，要求企业不得制定损害劳动者安全健康的考核指标等。按照此次会议和相关部门部署，下一步，我国将在部分重点行业开展灵活就业人员职业伤害保障试点，探索用工企业购买商业保险、保险公司适当让利、政府加大支持的机制，为外卖员、快递员、网约车司机等提供与工伤保险待遇接近的保障等。

无疑，关于劳动者权益保障问题引发了各方高度关注。规格之高、政策出台之密集，足见这一系列政策的重要性及解决相关问题的迫切性。这一切，都与近年来快速发展的平台经济及新就业形态密切相关。

6.1 新就业形态的正反面

受突发新冠肺炎疫情影响，2020 年的政府工作报告未提具体的经济增速目标，但在就业方面提出了"城镇新增就业 900 万人以上，城镇调查失业率 6% 左右，城镇登记失业率 5% 左右"等一系列实实在在的经济社会发展参考指标。"就业"一词被提及 39 次，从 2019 年的"就业优先"到 2020 年的"就业优先政策要全面强化"，政府工作报告中的表述变化，反映了新的宏观经济形势下我国就业工作思路的变化，就业被放到扎实推进"六稳"和"六保"之首。2020 年全年城镇新增就业人数 1186 万人，超额完成了之前设定的 900 万人的目标任务，完成全年目标的 131.8%。

伴随着平台经济快速发展而出现的新就业形态，引发了越来越多的关注，在稳定和增加就业方面也被寄予厚望。党的十八届五中全会公报指出，实施更加积极的就业政策，完善创业扶持政策，加大对灵活就业、新就业形态的支持力度。

新就业形态是新技术革命的产物，是在平台经济新业态不断涌现、传统产业数字化转型加快的大背景下，基于数据驱动和平台支撑的一种比传统雇佣式就业更加灵活、组织更加松散的劳动者就业形态。新就业形态具有四大特点：网络平台是不可或缺的技术支撑；组织形态更加松散；用工模式从"以岗位为导向"走向"以任务为导向"；劳动和劳务关系更加模糊[36]。

自《中华人民共和国职业分类大典（2015 年版）》颁布以来，人力资源社会保障部曾先后 4 次发布 56 种新职业，与平台经济相关的职业如网约配送员等占比超过半数。可以说，新就业形态正在深刻地改变着传统的单一劳动雇佣形式，改变着人们的就业方式、就业理念乃至整个就业结构。

新就业形态的出现直接创造新的岗位需求，提供更多的收入机会。国家信息中心分享经济研究中心发布的报告显示[37]，2020 年我国共享经济领域平台企业员工数约 631 万人，各类共享平台上的服务提供者人数约为 8400 万人，在提升我国经济运行的就业承载力方面发挥了重要作用。公开数据显示，截至 2020 年年底，累计超过 950 万名骑手通过美团实现就业增收。在网约车领域，交通部的数据显示，截至 2021 年 7 月底，全国各地共发放网约车驾驶员证 351 万本，车辆运输证 135.7 万本。共享住宿带动配套服务的就业快速发展，平均

---

36 于凤霞. 稳就业背景下的新就业形态发展研究［J］. 中国劳动关系学院学报，2020(6)：44-54.

37 国家信息中心分享经济研究中心. 中国共享经济发展报告（2021）［R/OL］. 2021.

每增加一个房东，可带动两个兼职就业岗位[38]。

新职业不断涌现，带动的就业机会和就业形态呈现出向整个产业链延伸的特点。2019 年和 2020 年，我国先后发布了 3 批共 38 种新职业，与平台经济相关的职业如数字化管理师、物联网安装调试员、无人机驾驶员、电子竞技员等占比超过一半。如在服务业领域，伴随着数字化转型的持续推进，横跨 200 多个生活服务细分行业，出现了酒店收益管理师、无人车安全员、线上餐厅装修师等诸多富有特色的新工种。

新就业还带来就业市场结构的变化。越来越多的人可以依照自己的兴趣、技能、时间及拥有的各种资源，以自雇型劳动者身份灵活就业。"为自己工作"意味着自谋职业、短期合同工作、非全日制工作等灵活就业在就业形态中占比越来越高。受疫情影响，线下餐饮、酒店等服务业企业大量员工待岗，而电商、物流等企业则出现短期内业务暴涨、人手严重不足等情形，基于平台的"共享员工"模式使得劳动力资源得以有效流动，在缓解就业市场结构性矛盾、增加收入等方面的重要作用更加凸显。2020 年春节复工后一个月内，直播相关兼职岗位数同比增长 166.09%，是全职岗位增速的两倍多[39]。从发展趋势上看，未来的就业市场将呈现出包含传统雇佣就业、基于网络的灵活就业、服务外包和众包等多元化并存的格局。

新就业形态因其较高的包容性和灵活性，不仅有助于解决重点群体的就业压力，而且有利于应对就业市场的不确定性，增加劳动者收

---

38 国家信息中心分享经济研究中心. 中国共享住宿发展报告（2018）
〔R/OL〕. 2018. http://www.sic.gov.cn/News/568/9241.htm.

39 智联招聘，淘榜单. 2020 年春季直播产业人才报告〔R/OL〕. 2020.
https://mp.weixin.qq.com/s/dyM1FZrqpEFwgdVsaK5Kxg.

入和帮助改善民生。据农业农村部统计，截至 2020 年 7 月底，全国新增返乡留乡农民工就地就近就业 1300 多万人。其中除在本地企业就业及务农外，还有 5%的返乡留乡农民工通过云视频、直播直销等新业态创业就业。2020 年上半年，美团平台上的新增骑手中，来自国家建档立卡贫困户的新增骑手近 8 万人[40]。平台企业和新就业形态还可以根据市场供需变化，及时调节劳动力的供给量，促进劳动力跨业流动和减少摩擦性失业。疫情期间，美团平台的骑手工作吸纳了大量的二产、三产从业人员，35.2%的骑手来自工厂工人，31.4%的骑手来自创业或自己做小生意的人员，17.8%的骑手来自办公室职员[41]。

不可否认的是，新就业形态还有它备受争议的一面。

其一，是它的替代效应。如"机器换人"等形式直接替换劳动，导致一些岗位被淘汰；简单劳动岗位的用工需求正在快速减少甚至消失；还有一些诸如新闻报道、翻译等非程序化岗位也在一定程度上被替代，用工需求也存在减弱趋势，这些都将导致技术性失业增加。

中国社会科学院调研显示，制造企业中使用工业机器人和数字控制技术的覆盖率已经达到 18%，这类企业中一线生产工人需求下降了 19.6%。通过计量经济模型估计，机器人和 AI 新技术应用对制造业总体就业需求的负面冲击达到 3.5%，这其中以农民工就业岗位为主，机器人和 AI 新技术应用平均每年替代 160 万～200 万个农民工制造业岗位，"十三五"期间达到 800 万～1000 万个[42]。但由于新技术创新应用提高了劳动生产率，生产规模得以扩大，市场需求进一步提升，从

---

40 美团研究院. 2020 年上半年骑手就业报告［EB/OL］. 2020.

41 美团研究院. 2020 年上半年骑手就业报告［EB/OL］. 2020.

42 中国社科院人口与劳动经济研究所. 人口与劳动绿皮书：中国人口与劳动问题报告 No.20［R］. 2020.

而可以创造出更多的就业岗位。

正如马克思在《资本论》中所提到的，"尽管机器生产实际地排挤和潜在地代替了大量工人，但随着机器生产本身的发展，工厂工人的人数最终可以比被他们排挤的工场手工业工人的人数要多。"总的来看，"就业工人人数的相对减少和绝对增加是并行不悖的。"新技术带来的创造效应会大于替代效应，达到"工厂人数大于工场手工业人数"的效果。世界经济论坛的研究显示[43]，到 2022 年，机器将覆盖全球 42% 的工作任务，这一数字远高于当前的 29%。而在三年后的 2025 年，机器所占份额还将进一步增长至 52%；若有适当的就业技能再培训，届时全球将新增 1.33 亿个职位，前景还是颇为乐观的。

其二，新就业形态引发的争议，不仅体现在"量"上，还体现在"质"上。网络平台上的新就业形态劳动者的工作，表面上看具有较大灵活性，他们可以根据自己的意愿安排工作时间。但实际情况是，劳动者一旦接受了任务或者项目，就要遵循平台设定的规则，并要执行客户的指令。一项针对北京市多个共享经济平台劳动者就业的调查研究显示，许多平台上的从业劳动者迫于生存压力缺乏足够的休息时间，专职人员平均每周工作 6 天以上的占 86.81%，其中每周工作 7 天的占 31.6%。家政服务员自主安排休息时间的比例较低，希望法定节假日休息的呼声非常高。平台专职从业者社会保险缴纳不足，专职人员、外地户籍人员更加缺乏社会保障。在回答"从事平台就业最担心的问题"时，45.49% 的专职人员和 38.96% 的外地户籍人员选择"没有缴纳社会保险，存在后顾之忧"[44]。

---

43 世界经济论坛.2018 年未来就业报告［EB/OL］.2018.

44 张成刚.共享经济平台劳动者就业及劳动关系现状：基于北京市多平台

从劳动者的能力提升和长远能力发展看，目前我国公共就业服务的主要对象是以存在传统劳动关系的专职劳动者为主，中央及各地方财政用于职业培训等政策性就业补贴，主要是支持传统用人单位的，缺乏明确劳动关系的新就业群体在享受职业发展福利方面明显处于弱势。

由于资本的逐利性、技术创新应用的隐蔽性，使得劳动者的劳动过程受到更加强势的控制，也造成了劳资之间新的不平衡，劳动者权益保护面临新的挑战和威胁。面对数字化、平台化快速发展带来的劳动者权益保障不足的问题，有研究观点认为，劳动者正在回归为商品，互联网平台的发展导致出现了"平台资本主义"，平台就业成员成为"数据劳动力""数据苦力"[45]。

当前，基于工业经济时代建立起来的劳动保障制度和社会保障体系面临一系列新的问题和挑战。在已有制度的不适应性日益凸显、新的制度体系尚未形成之前，我们看到，平台企业的一些用工行为游走在"灰色地带"，导致在许多情况下劳动者的权益保障不足。如何让那些基于平台就业的劳动者得到充分保障，实现高质量就业，越来越成为各界关注的焦点。

6.2　技术与劳动异化

2020 年《人物》杂志刊登的文章《外卖骑手，困在系统里》刷屏

的调查研究 [J]．中国劳动关系学院学报，2018(3)：61-70.

45 Degryse, C. Digitalisation of the Economy and Its Impact on the Labor Market. ETUI Working Paper. Brussels: European Trade Union Institute. 2016.

社交网络，深刻反映了在新技术支撑下的平台算法系统对骑手的巨大影响甚至是"控制"。

平台经济新业态、新模式之所以给人们带来了更方便快捷的生活，一方面得益于大数据、人工智能等新技术的科技支撑，另一方面还需要千千万万一线劳动者的辛苦劳动。网络平台上的新就业形态相关的工作，表面上看具有较大灵活性，但实际情况是，平台依托大数据、人工智能和算法等新技术，形成了对劳动者更为精细化、严密的管控机制。

在平台用工模式中，平台的一个重要功能就是为供需双方提供高效的信息匹配服务，随着大型平台数据的快速积累和生态化扩张，灵活就业人员与各大平台之间形成了高度的依赖关系，既有经济依赖，也有信息和数据依赖。

以外卖平台为例，平台广泛采用的智能派单系统，依托于人工智能算法和大数据技术，可以持续积累骑手在送餐过程中的各种数据，如所在位置、接单数量、在线时间、配送进度、配送时间、用户评价等，并不断进行数据模拟分析，以便在最短的时间内将用户订单派给最合适的骑手。

这一系统在提高配送效率的同时，还有一个隐藏性的规则：它会依据对骑手服务能力的综合性量化比较，优先派单给那些服务能力强的骑手。因此，人工智能技术的应用使得平台可以基于实时动态数据分析，进行任务分配和"差序格局式"管理[46]。许多平台制定的算法

---

46 Van Doorn N. Platform labor: On the gendered and racialized exploitation of low-income service work in the "on-demand" economy [J]. Information, Communication & Society, 2017, 20 (6): 898-914.

规则都是顾客导向的，顾客的差评会降低系统对骑手的评价，进而直接影响派单数量。有的平台采用游戏化管理的激励模式，对骑手采用积分等级制度，积分越高得到的奖励就越多，被派到更多更好的订单的概率就越大。

北京大学社会学系博雅博士后陈龙因其深入送外卖一线的经历及其研究论文而备受关注。用他的话说，平台掌握了大量的数据，再用数据去给你规划怎么取餐、送餐，怎么给每个订单定价……这样庞大复杂的劳动秩序之所以成为可能，原因是有这样一套数据支撑的系统，即把所有一切可以纳入的都纳入到了可以计算的程度，是一种高度的控制和精准的预测。他发现，平台在想尽办法利用技术手段压缩配送时间，在不断试探人的极限。骑手找近路节省的时间原本是可以用来休息或者跑更多订单的，但由于系统敏锐的"数据控制"，它能很快根据骑手的轨迹更新路线，最后可能就导致原先设定的预期送达时间从 30 分钟变成 25 分钟。

一系列管理制度的实施使得平台劳动者越来越陷入自我加压的工作状态。清华大学社会科学学院企业责任与社会发展研究中心、清华大学社会科学学院当代中国研究中心联合发布的《2021 年中国一线城市出行平台调研报告》显示，有 49.21%的网约车司机每日出车 8～12 小时，27.38%的网约车司机每日出车 12～16 小时，4.37%的网约车司机每日出车 16～20 小时；74.76%的网约车司机一周出车 7 天。

平台对劳动者的控制不仅体现在劳动过程中，更体现在作为劳动结果的收入分配上。不管是外卖平台还是网约车平台，虽然劳动者表面上可以控制其工作过程，但平台是其工资收入的掌控者，平台可以单方面设定其抽取佣金的费用、给予从业者的薪酬标准等，劳动者对于直接关乎其劳动收入的各项条款几乎没有任何谈判和发言权。

平台"高抽成"问题曾引发各界高度关注。正如某网约车司机所言："也不承认我们是他们的员工，但就因为我们需要使用他们的 App 完成交易，就可以抽成获利，提取多少完全是他们说了算，有的单子甚至抽走 35%，我们到哪里说理去……"在线外卖领域同样存在这样的问题。

从根本上说，劳动者日渐丧失话语权，这也是大平台垄断的结果。平台借助于算法等技术支撑，将线上与线下的社会资源进行联动和重新配置。平台在运营过程中，作为信息收集、处理和供需匹配的场所，持续地积累大量的静态和动态数据。一方面这些数据可以帮助其提供更加精准高效的服务，大幅节约交易成本；另一方面这些数据也在不断强化它们对平台上发生的交易活动的控制力。那些没有进入平台的市场主体会发现经营活动越来越难，最终不得不选择平台交易，这也进一步强化了平台的垄断地位。

2021 年 5 月 14 日，交通运输部联合其他部门对 10 家交通运输新业态平台企业进行约谈，要求平台企业公开抽成比例，主动降低抽成比例，保障驾驶员的劳动报酬。

6.3 社会保障"盲区"

从某种程度上说，新业态从业人员面临的技术之困或许只是表象，它反映的是其背后深层次的制度之"困"。

首先，劳动关系和劳务关系模糊导致社会保障严重不足，形成了一个巨大的社会保障"盲区"。造成这一问题的原因则是多方面的：既有平台用工形式灵活多样，难以简单纳入我国现行劳动法律体系中的原因；也是由于法律法规和制度建设相对落后于新业态、新模式快速发展的实践，平台企业和劳动者之间权利义务不明确甚至是地位不对等造成的。

在大量基于平台的新就业形态中，用人单位与劳动者个人之间关系发生了显著变化，出现了不同于传统建立在劳动合同基础上的固定劳动关系的各种各样的加盟、众包等形式。传统上将劳动保障与劳动关系绑定的"二分法"的不适应性日益凸显。

目前，我国劳动法立法中存在一个明显的问题是，劳动关系全保护，非劳动关系不保护，两者利益悬殊极大。信息技术支撑发展起来的新就业形态中，新业态从业人员的用工关系既有传统的全日制、非全日制、劳务派遣用工，又有民事承揽、外包等其他形式。而且，还存在越来越复杂、隐蔽化的趋势，如平台企业将其配送业务外包给某公司，业务承包公司又通过劳务派遣等方式使用快递员，这些快递员的收入又可能由另外一家公司代为支付。一层又一层的复杂安排导致平台用工关系越来越模糊，越来越难以说清楚到底谁是雇主。在这种情况下，当从业者劳动权益受损时出现索赔困难或者无任何保障的问题也就不难理解了。

从实践层面看，多数平台将自身业务定位为提供居间服务或信息服务，撮合服务提供者与使用者之间的交易，并收取一定的佣金作为服务报酬，也有的平台在提供信息服务的基础上对劳动者进行必要的技能培训。不过，一旦涉及平台与通过平台提供服务的劳动者之间的法律关系时，绝大多数的平台企业都认为通过平台接单的这些灵活就业人员并不是企业的正式雇员，因而并不存在劳动关系。

劳动关系和劳务关系模糊带来的一个重要问题就是，劳动者的社会保障不足。当前关于劳动者权益保护的有关制度规定，包括法定工作时间、最低工资标准、失业保险、员工福利等，都建立在传统意义上的"雇主—雇员"关系基础上,即明确的劳动关系是劳动者权益保障的前提。

就全球的情况看,经济合作与发展组织的一项研究表明,在其 34 个成员国中,有 19 个成员国的自雇者无资格享受失业保险,有 10 个成员国的自雇者无权享有工伤保险。在很多国家,即使自雇者有获得社会保障的资格,他们获得的福利待遇也是有折扣的[47]。

在我国,现行的《工伤保障条例》规定,参保者必须具有劳动关系,由雇主缴费。网络平台上的新业态从业人员普遍是灵活就业或自我雇佣,难以满足现行工伤保障制度的参保条件。

其次,新就业形态劳动者的话语权、集体协商和谈判权缺乏有效的制度保障,面临巨大挑战。

平台用工的组织更加松散,用工模式从"以岗位为导向"走向"以任务为导向"。这个特点使得劳动者更加分散化、个体化,难以形成劳动者集体组织。还有研究认为,互联网技术为平台从业人员提供了新的社会流动通道,赋予了他们更多的职业选择权、流动权。在这个过程中,平台从业人员的职业倦怠感、收入不稳定、社会保障不确定等,因技术赋权带来的低成本职业转换、相对劳动自主性、新业态从业满足感等而消减,从而消解了他们的抗争意识和集体性行动基础[48]。

最后,关于新就业形态的一些基础性制度亟待完善。

---

47 OECD. 2016. Policy brief-automation and independent work in a digital economy. http://www.oecd.org/employment/Policy%20brief%20-%20Automation%20and%20Independent%20 Work%20in%20a%20Digita1%20Economy.pdf.

48 李超海. 技术赋权如何消解新业态中新生代劳动者的集体性行动 [J]. 学术论坛. 2019(5): 9-17.

　　新就业形态给现有的劳动法体系带来了很大挑战，依托平台提供服务的新业态从业人员的社会福利如何保障？如何享受到已有的针对传统就业模式的政策扶持？回答这些问题的前提条件是要确定新业态从业人员的法律身份及其与平台之间的法律关系。当前，我国就业相关的法律法规与统计体系并没有将新就业形态纳入其中。《中华人民共和国劳动合同法》（以下简称《劳动合同法》）仅对劳务派遣这一特殊的灵活就业方式设定了一些条款，《中华人民共和国就业促进法》作为我国就业领域最重要的法规，并未提及灵活就业这个概念。根据现有的法律法规已经明显不能适应新就业形态的发展需要。现有劳动法的诸多强制性规定与新就业形态表现出明显的不相容性，若是强行适用反而会造成对企业和劳动者的限制。如《劳动合同法》对劳动合同的形式、订立、履行和解除等都规定了许多限制性条款，而这些带有强制性的法律规定对灵活用工中的劳资双方都会产生诸多限制。

　　就业统计制度也面临新的挑战。在传统统计方式之下，数字经济所催生的新商业模式造成了规模漏统和增速低估[49]，在新就业形态下这一问题也十分突出。平台型企业从业者由参与企业生产、管理、经营的内部劳动者，扩大到依托平台企业生产链提供生产、销售和获利的外部劳动者。平台企业的内部劳动者一般数量较少，易于统计，但平台企业外部生产链的劳动者数量庞大、实时变化，统计较为困难，对传统统计方式提出了新的挑战[50]。

　　此外，适应新职业发展需要的公共服务体系亟待完善。

49　许宪春. 新经济发展给政府统计带来严峻挑战［EB/OL］. 2017.

50　郭玮. 新业态用工治理与政策创新［J］. 中国人事科学，2020(5)：12-19.

6.4 补制度"短板"

过去几年，相关部门主要是本着鼓励和支持新业态发展的原则，对平台经济新就业形态的管理相对比较宽松和灵活。2016 年 7 月 28 日，由交通运输部、工业和信息化部、公安部、商务部、国家工商行政管理总局、国家质量监督检验检疫总局和国家互联网信息办公室联合发布的《网络预约出租汽车经营服务管理暂行办法》中提到，网约车平台企业应当按照有关法律法规规定，根据工作时长、服务频次等特点，与驾驶员签订多种形式的劳动合同或者协议，明确双方的权利和义务。这一条实际上是允许平台企业与从业者采用签订服务合同、劳务合作协议等。

但随着平台企业用工模式的不断创新、平台新就业群体数量的持续快速增长，劳动者权益保障面临越来越大的挑战，这也引发了广泛的讨论，实践中也出现了大量劳动争议。争论的主要焦点包括：一是平台上的灵活就业者与平台企业之间是否存在劳动关系，是否应该确认两者之间的劳动关系，我国原有法律法规中对于劳务派遣等的规定，也无法完全覆盖到越来越多的新就业形态，司法实践中各地劳动仲裁和法院对这类案件的判定标准也不尽一致；二是很多领域平台就业者劳动权益保障不足已成为不争的事实，要加强相关保障，明确政府、平台企业、劳动者本人等分别应该承担怎样的责任。

从国家层面看，加强平台从业人员的社会保障，是近几年我国引导和规范平台经济健康发展的重要内容。

从国务院公开发布的政策文件看，2019 年 8 月国务院办公厅发布的《关于促进平台经济规范健康发展的指导意见》，明确将维护平台从业人员合法权益纳入平台经济规范发展要求中。该文件指出要"切实保护平台经济参与者合法权益，强化平台经济发展法治保障""保护平台、平台内经营者和平台从业人员等权益"。对于平台从业人员而言，其"劳动者权益"理论上包括多个方面的内容，从短期看，如休息权、职业安全健康权（或者说职业伤害保障权）、社会保险权等，这也是近几年社会各界高度关注的；从长期看，"劳动者权益"包括医疗和养老保障权、职业发展权等。该文件中则重点强调了社保政策、职业伤害保障试点、职业技能培训三个方面，提出，"抓紧研究完善平台企业用工和灵活就业等从业人员社保政策，开展职业伤害保障试点，积极推进全民参保计划，引导更多平台从业人员参保。加强对平台从业人员的职业技能培训，将其纳入职业技能提升行动。"需要注意的是，这份文件也没有明确说明从业者与平台企业之间的关系性质，在文件中使用的"职业伤害"一词，也没有使用劳动法律中的"工伤"概念。

而在 2021 年 4 月出台的《国务院办公厅关于服务"六稳""六保"进一步做好"放管服"改革有关工作的意见》，为进一步推动优化就业环境，在"支持和规范新就业形态发展"方面，明确提出，"完善适应灵活就业人员的社保政策措施，推动放开在就业地参加社会保险的户籍限制，加快推进职业伤害保障试点，扩大工伤保险覆盖面，维护灵活就业人员合法权益。"

相比较而言，相关部委对基于网络平台的新就业的关注则更早一些，关注的内容也各有侧重。

2017 年 7 月国家发改委出台的《关于促进分享经济发展的指导性意见》中明确提出，"对与从业者签订劳动合同的平台企业，以及依托平台企业灵活就业、自主创业的人员，按规定落实相关就业创业扶持政策。"研究完善适应分享经济特点的灵活就业人员社会保险参保缴费措施,切实加强劳动者权益保障。可以看出,"与从业者签订劳动合同"是落实相关就业扶持政策的重要条件。而 2018 年 5 月发布的《关于做好引导和规范共享经济健康良性发展有关工作的通知》,提出了 11 条引导和规范共享经济健康良性发展的工作要求,并没有专门从劳动者权益保障角度提出相关要求。

2018 年 9 月 30 日,人社部提出,正在研究起草规范新业态劳动用工管理和服务的指导意见,拟对新业态不同劳动用工类型进行分类规范,推动和鼓励新业态行业组织加强行业自律,兜住新业态劳动者劳动权益保障底线。将加快研究针对新业态劳动者参加工伤保险的改革措施,尽快出台新业态从业人员职业伤害保障制度。同时,结合《失业保险条例》修订工作,专题研究论证灵活就业人员参保的可行性,积极向司法部建议从法规层面将灵活就业人员纳入失业保障制度,从制度上确保兜住底线,为研究制订具体参保办法提供法律依据。2019 年 2 月,人社部表示,将适时启动《工伤保险条例》的再次修订工作,争取在法律层面上解决新业态从业人员工伤保障问题和工作实践中易于发生争议的有关问题,从源头上保障新业态从业人员的工伤保障权益,尽量减少工伤争议的发生。同年 7 月又提出,正在积极推动尽早出台《劳动基准法》,为难以纳入现行劳动保障法律法规调整的劳动者的基本劳动权益保障提供法律依据。

2021 年 7 月,人社部、交通运输部、国家市场监督管理总局、中华全国总工会等部门分别牵头,会同多部门出台了四份旨在加强平台就业劳动者权益保护的文件,相关政策内涵将在本章第五部分详述。

关于平台经济新就业形态的劳动者权益保护方面,地方政府层面的探索更注重解决重点领域和行业存在的问题。

从具体做法上看，有的地方根据新业态发展的实践情况，明确提出不同类型的平台用工形式，探索构建多层次的社会保险体系，进一步扩大社会保障覆盖面。2019 年 11 月，浙江省出台《关于优化新业态劳动用工服务的指导意见》，明确提出"依法建立灵活多样的劳动关系"和"依法使用多样化的用工方式"，并提出重点从引导更多新业态从业人员参加社会保险、积极探索新业态从业人员职业伤害保障机制、鼓励引入商业保险等方面，构建多层次的社会保险体系。2019年 8 月，成都市出台《关于促进新经济新业态从业人员参加社会保险的试行实施意见》，其中梳理出了全日制、非全日制、劳务派遣、劳务外包、民事协议 5 种用工形态，并分别明确与之相对应的参保办法，并提出到 2020 年将形成政府引导，企业主体、部门协同，从业人员参与的工作格局，与新经济组织建立规范劳动关系的从业人员基本实现社会保险参保全覆盖；到 2022 年与新经济组织存在其他劳动关系、劳务关系或合作关系的从业人员基本实现社会保险参保全覆盖。

有的地方以重点行业或重点人群为切入点，规范其平台用工和强化劳动者权益保障。2019 年 8 月，北京市邮政管理局等多部门联合发布的《关于促进快递行业规范发展加强从业人员权益保障的通知》提出，快递企业应当依法与劳动者订立劳动合同，缴纳社会保险费，按时足额支付劳动报酬；快递企业应履行安全生产主体责任，做好劳动保护工作，为从业人员提供必要的劳动保护用品和劳动保护设施，遵守女职工和未成年工特殊保护规定；快递企业应与工会或职工代表订立集体合同或者就加班工资、竞业限制、劳动保护、女职工特殊保护等事项订立专项行业性集体合同。2019 年 4 月，常州市印发《市本级新业态从业人员优先参加工伤保险试行办法》，针对物业、家政、快递业、环卫等新业态从业人员流动性大、劳动关系不稳定等发展现状，提出"新业态从业人员优先参加工伤保险费率暂按市本级统筹区二类行业基准费率执行，缴费基数按照当期市本级统筹区社保最低缴费基数执行"，鼓励用人单位积极为职工参保缴费，并为用人单位减负，帮助化解新兴行业用人单位的工伤风险，保障从业人员工伤保险权益。而且，考虑到新兴行业从业人员的快速流动性，允许用人单位在初次申报的参保人员基础上变更、增减参保人员，增加的参保人数不超过10%的不再另行补缴费用，参保人员名单实行动态实名制管理。

6.5　监管趋势

一系列措施的出台，对于新的发展形势下我国社会保障制度建设和平台经济持续健康发展，都具有里程碑式的意义，从中也可以看出未来找国新就业形态劳动保障制度建设的发展趋势。

一是劳动保障制度将更加精准和差异化。

社会保障制度创新既要充分考虑现行的制度安排，又要充分适应平台经济新就业的特点，改变原来以劳动关系为考量基础的相对单一的"二分法"。2021 年 7 月 7 日的国务院常务会议就明确提出，"适应新就业形态，推动建立多种形式、有利于保障劳动者权益的劳动关系"。随后人社部牵头出台的指导意见明确提出，"符合确立劳动关系情形的，企业应当依法与劳动者订立劳动合同。不完全符合确立劳动关系情形但企业对劳动者进行劳动管理的，指导企业与劳动者订立书面协议，合理确定企业与劳动者的权利义务。""对采取外包等其他合作用工方式，劳动者权益受到损害的，平台企业依法承担相应责任。"

这意味着，在现行劳动法体系中确立了除"有劳动关系""无劳动关系"外，不完全符合确立劳动关系情形的"第三类"劳动者。无论平台经营企业采用哪种用工模式，都应该对新就业形态劳动者承担一定的雇主责任。这是一个重要亮点和明确的新政策导向。未来我国将适应新就业形态的发展，构建更为精准和差异化的劳动者权益保护模式，提高劳动保障覆盖面和保障力度。2021 年 9 月 23 日，在国务院新闻办公室举行司法审判服务保障全面建成小康社会新闻发布会上，最高人民法院副院长贺荣表示，明确快递员、网约车司机、电商主播等新就业形态劳动关系认定规则，把引导规范平台经济健康发展和保护劳动者合法权益统一起来。

从具体的制度设计角度看，目前我国已经启动了新业态从业人员职业伤害保障试点工作，探索建立适应灵活就业特点的劳动合同制度及社保缴纳规定。需要及时跟进和总结试点工作的经验和不足，为进一步的制度创新奠定基础。根据新就业形态发展的特点、发展趋势和要求，研究并合理确定社保费率、缴费方式、待遇水平，并提供便捷的社保服务。根据就业形势和工作重点的变化，诸如失业保险政策的费率调整、稳岗返还、技能提升、促就业服务等有可能成为就业优先政策的调控工具，在保民生稳就业中发挥更大作用。适应新就业形态特点的职业安全等劳动标准有望加快建设，劳动争议处理机制也将不断健全，为新就业劳动者维护合法权益提供制度保障。

制度设计的精细化和差异化还可能体现在不同的行业和领域的差别对待上。目前拟定参与试点的出行、外卖、即时配送、同城货运等，相同点是都与交通风险相关，但由于分属不同行业和服务领域，工作过程、使用的工具、产品和服务交付方式等多个方面都存在很大差异，职业伤害风险发生的概率、认定、赔付标准等必然差异较大。实践中需要综合考虑多种因素，合理设计相关保障制度。

二是平台企业在规范用工行为方面将出现越来越多的"硬杠杠"。

一系列政策的出台还意味着我国在新就业形态劳动者社会保障

方面，将进一步加强制度创新的顶层设计，加强源头治理，规范平台企业用工和经营活动"硬要求"，将平台劳动者的权益保障纳入制度化轨道，给他们带来实实在在的保障。

比如，在保障新业态从业人员的劳动报酬方面，人力资源社会保障部牵头发布的指导意见里明确提出要"健全最低工资和支付保障制度，劳动者支付不低于当地最低工资标准的劳动报酬""完善休息制度，在法定节假日支付高于正常工作时间劳动报酬的合理报酬"，这些都直接与平台劳动者的收入相关，而且还提出要"督促企业制定修订平台进入退出、订单分配、计件单价、抽成比例、报酬构成及支付、工作时间、奖惩等直接涉及劳动者权益的制度规则和平台算法"，有望使平台劳动者的薪酬结构更加优化合理。交通运输部牵头制定的《关于做好快递员群体合法权益保障工作的意见》中明确提出要制定《快递末端派费核算指引》和《快递员劳动定额标准》，以保障合理的劳动报酬。

在算法等技术应用方面，有两份指导意见将算法纳入了监管范畴。《关于维护新就业形态劳动者劳动保障权益的指导意见》提出，督促企业制定修订平台进入退出、订单分配、计件单价、抽成比例、报酬构成及支付、工作时间、奖惩等直接涉及劳动者权益的制度规则和平台算法，充分听取工会或劳动者代表的意见建议，将结果公示并告知劳动者。《关于落实网络餐饮平台责任 切实维护外卖送餐员权益的指导意见》提出，不得将"最严算法"作为考核要求，通过"算法取中"等方式，合理确定订单数量、准时率、在线率等考核要素，适当放宽配送时长。

三是新就业形态劳动者将纳入就业公共服务体系。

目前，我国公共就业服务所提供的职业培训、职业指导和职业介绍等，大多数都以存在传统劳动关系的专职劳动者为主；公共就业政策性补贴主要是支持传统用人单位，中央及各地方财政的职业培训补贴资金，用于新就业形态群体的明显偏少。面向新就业群体的技能培训供给不足，网络直播、微商电商、知识分享等新业态新模式发展时间较短，相关的学历教育和职业教育相对滞后，无法形成规模化的人才供给。新就业形态作为新兴事物，一直未被纳入我国就业公共服务体系。

进一步扩大公共就业服务的覆盖范围，扩大各类就业扶持政策的适用范围，需要从长计议，建立健全"互联网+就业服务"新体系，充分利用现代信息技术，开展面向新就业群体的就业信息和招聘服务、技能提升培训、资格认证、创新创业服务等，使新就业群体能够方便快捷地得到就业信息、参加职业技能培训、申请获得各种补贴、政策扶持，以及享受社保待遇等相关人社服务。需要进一步研究和完善针对新就业群体的就业扶持和补贴政策，减少限制新职业发展的不合理制度规定，采取有效措施，积极回应新就业群体在享受就业补贴、培训补贴、就业指导、技能发展等多方面的诉求。

在职业技能培训方面，需要更加注重发挥平台企业的作用，加强政府与平台企业之间的合作，对接平台企业的培训资源。2021 年 4 月，人力资源和社会保障部发布《新就业形态技能提升和就业促进试点通知》，将职业技能提升行动与互联网平台培训资源对接，试点已经在多个省区落地，今后有望在试点基础上持续加强政企合作，构建满足新就业发展需要的新型培训与服务体系。

人力资源和社会保障部牵头发布的《关于维护新就业形态劳动者劳动保障权益的指导意见》（以下简称《意见》）明确提出，"对各类新就业形态劳动者在就业地参加职业技能培训的，优化职业技能培训补贴申领、发放流程，加大培训补贴资金直补企业工作力度，符合条件的按规定给予职业技能培训补贴。"以创新性方式方法为各类新就业形态劳动者提供个性化职业介绍、职业指导、创业培训等服务被提上日程。

所有这些都是为了建立适合新就业形态劳动者的职业技能培训模式，保障其平等享有培训的权利。随着一系列措施的落地，我国公共就业服务体系将覆盖越来越多的新就业形态劳动者，权益保障服务将持续优化。

四是多方参与的劳动者权益保障体系将加快建立。

基于网络平台的新就业形态，组织更加松散，用工模式从"以岗位为导向"走向"以任务为导向"，这个新特点使得劳动者更加分散化、个体化，甚至无法确定他们为同一个平台企业工作，因而难以形成传统意义上的组织归属感和认同感，难以形成劳动者集体组织。平台就业者的集体协商和谈判权面临巨大挑战，工会等劳动者权益保障组织的作用远未发挥出来。缺少话语权、沟通协调不畅、申诉渠道少等，是新就业形态劳动者权益保障面临的另一个问题。

《意见》指出了这一问题的解决路径，要督促企业制定修订平台进入退出、订单分配、抽成比例等直接涉及劳动者权益的制度规则和平台算法，充分听取工会或劳动者代表的意见建议；要指导企业建立健全劳动者申诉机制，保障劳动者的申诉得到及时回应和客观公正处理。这些都直接指向过去由于平台在规则制定过程中占据完全主导地位而导致劳动者权益受损的问题。就在前不久，中华全国总工会也下发文件，提出探索适应货车司机、网约车司机、快递员、外卖配送员等不同职业特点的建会入会方式，积极与行业协会、头部企业或企业代表组织开展协商。因此，在重点行业和领域，越来越多的平台企业将依法规范建立工会组织，政府、工会、平台、劳动者等多方协同共促的劳动者权益保障体系。

毫无疑问，加强新就业形态劳动者权益保障、规范平台企业用工行为和引导整个平台经济健康发展，是一个牵一发而动全身的系统工程，需要多个部门形成齐抓共管的合力，也需要平台企业及各类相关社会组织的广泛参与。

适合未来新就业形态发展需要的新型社会保障制度建设，已经在路上了。

第

7

章

共同富裕时代的平台战略

　　平台经济，作为一种伴随着新技术革命而出现的新业态新模式，所有对其发展与监管相关问题的探讨，都应当站在国家经济社会发展的宏观视野和战略高度。对于今天的中国而言，我们已经进入一个新的历史发展阶段，国家发展的中长期目标、社会发展的主要矛盾、经济建设的侧重点乃至大众的生产生活需求等都发生了显著变化。党的十九大报告指出，"经过长期努力，中国特色社会主义进入了新时代，这是我国发展新的历史方位。"党的十九大明确总任务是实现社会主义现代化和中华民族伟大复兴，在全面建成小康社会的基础上，分"两步走"，在 21 世纪中叶建成富强民主文明和谐美丽的社会主义现代化强国。两个阶段具体安排为：第一个阶段，从 2020—2035 年，在全面建成小康社会的基础上，再奋斗 15 年，基本实现社会主义现代化；第二个阶段，从 2035 年到 21 世纪中叶，在基本实现现代化的基础上，再奋斗 15 年，把我国建成富强民主文明和谐美丽的社会主义现代化强国。"两个阶段"的战略安排明确了中华民族伟大复兴的新目标和路线图。值得注意的是，社会主义现代化奋斗目标的内容进一步丰富。"美丽"一词首次出现在奋斗目标中，与富强、民主、文明、和谐并列，美丽中国建设被提上了新高度。从全面建成小康社会到基本实现现代化，再到建设富强民主文明和谐美丽的社会主义现代化强国，反映出现代化建设的多维度目标内涵，即质量、结构、效益、公平和生态。

进入新时代，我国社会的主要矛盾发生了历史性转换：中国特色社会主义进入新时代，我国社会主要矛盾已经转化为人民日益增长的美好生活需要和不平衡不充分的发展之间的矛盾。从"物质文化需要"到"美好生活需要"，从"落后的社会生产"到"不平衡不充分的发展"，这一关系国家经济社会发展全局的历史性变化，是精准把握当前我国经济社会发展态势、明确未来我国发展方向和发展目标的重要基础。面对新阶段的新矛盾，必然要求我们的发展要密切围绕社会主要矛盾，着力解决发展的不平衡不充分问题。要从解决社会主要矛盾的高度来提高经济发展的质量和效益，把握供给侧结构性改革这条主线，推动经济发展质量变革、效率变革、动力变革，提高全要素生产率，持续增强经济创新力和竞争力，满足人民对美好生活的需要。要始终把改善人民生活、增进人民福祉作为一切工作的出发点和落脚点，更好地满足人民在经济、政治、文化、社会、生态等方面日益增长的需要，更好地推动人的全面发展、社会的全面进步。

在这种大背景下，平台企业发展既面临着新的历史和市场机遇，同时也面临着新的政策与制度环境，承担着新的责任和使命。

7.1 高质量发展："十四五"的关键词

《中华人民共和国国民经济和社会发展第十四个五年规划和 2035 年远景目标纲要》（以下简称《规划纲要》），综合考虑未来一个时期国内外发展趋势和我国发展条件，对"十四五"时期我国发展做出系统谋划和战略部署。《规划纲要》在全面把握国际国内发展态势、坚持问题导向和目标导向相统一的基础上，重点瞄准如何做好"两个一百年"奋斗目标有机衔接，明确了"十四五"时期经济社会发展的基本思路、主要目标及 2035 年远景目标；并进一步提出了一系列具有

前瞻性、全局性和针对性的重大举措。通过《规划纲要》不难看出，
"十四五"规划意味着我国将进入新发展阶段，贯彻新发展理念、构
建新发展格局是未来几年我国经济社会发展的重中之重。

"十四五"规划意味着新阶段和新任务，创新被置于更加重要的
地位和全新高度。《规划纲要》要求"坚持创新在我国现代化建设全
局中的核心地位，把科技自立自强作为国家发展的战略支撑"，突出
四个面向（面向世界科技前沿、面向经济主战场、面向国家重大需求、
面向人民生命健康），实施三大战略（科教兴国战略、人才强国战略、
创新驱动发展战略），加快建设科技强国。与"十三五"规划相比，
"十四五"规划强化政府在创新中的作用，强调构建以国家实验室—
国家重点实验室—国家工程研究中心、国家技术创新中心—科研院所、
高等院校和企业科技力量等为主体的创新体系，搭建国际科技创新中
心—综合性国家科学中心—区域科技创新中心—国家自主创新示范
区、高新技术产业开发区、经济技术开发区等多层次创新平台，营造
良好的创新生态，采用融通创新、融合创新等新形式，全面塑造发展
新优势。《规划纲要》高度重视基础研究的重要性，首次明确"基础
研究经费投入占研发经费投入比重提高到 8% 以上"。

高质量发展成为我国"十四五"规划的关键词。我国第一个百年
奋斗目标全面建成小康社会即将圆满实现，"十四五"时期我国将进
入新发展阶段。我国实现全面建成小康社会这一伟大历史任务后，接
下来将面临更加伟大的历史使命，即全面建设社会主义现代化国家。
因此，我们必须在经济社会高质量发展方面实现突破，《规划纲要》
为在新发展阶段切实转变发展方式，推动经济发展质量变革、效率变
革、动力变革，实现高质量发展做出了战略部署。在"十四五"时期
经济社会发展指导思想和必须遵循的原则方面，强调要以推动高质量
发展为主题，以深化供给侧结构性改革为主线，以改革创新为根本动

力，以满足人民日益增长的美好生活需要为根本目的。在《规划纲要》中，"高质量"一词共出现 44 次，以高质量发展为核心的同时，还提出了高质量就业、高质量供给等。高质量发展是经济社会发展的主题，且要实现重大突破，其中最主要的是供给质量与需求水平要实现"双重"重大突破。发展的高质量体现在许多"更加""显著""高级化"等目标上。在关键期要解决一系列制约高质量发展的重大问题，将问题导向与目标导向结合，着力在各个方面发力。

发展目标的设定也是密切结合了"高质量"发展要求的。《规划纲要》首次未设 GDP 增速目标，代之以定性描述，新增了数字经济核心产业增加值占 GDP 的比重等新经济指标。按照高质量发展的要求设定五大类 20 个量化指标，其中民生福祉类指标 7 个，占比超过三分之一，是历次五年规划中占比最高的。指标分为预期性和约束性两类，预期性指标引导社会预期，主要是经济发展和创新驱动类的指标；约束性指标突出政府责任，主要是民生福祉、生态环保和安全保障方面的指标。约束性指标也是动态监测、中期评估、总结评估关注的重点。

以实体经济为着力点实现高质量发展。《规划建议》提出了 12 项核心任务，其中关于产业升级方面，明确提出"坚持把发展经济着力点放在实体经济上"，首次提出"保持制造业比重基本稳定"，加快推进制造强国、质量强国、数字中国建设。如要深入实施制造强国战略，推动由"大"到"强"的转变，主要是推进产业基础高级化和产业链现代化。在"十三五"规划提出的四个瓶颈［突破关键基础材料、核心零部件（元器件）、先进基础工艺、产业技术基础］的基础上，又增加了一个"基础软件"；质量提升的目标从"提品质、创品牌"转变为"增品种、提品质、创品牌"。其次，《规划纲要》对供应链和产业链发展提出更高的要求，"供应链""产业链"分别出现了 12 次和

21 次。《规划纲要》明确"分行业做好供应链战略设计和精准施策,形成具有更强创新力、更高附加值、更安全可靠的产业链供应链""优化区域产业链布局,引导产业链关键环节留在国内""实施应急产品生产能力储备、领航企业培育和产业竞争力调查和评价"三大工程。由此可见,"十四五"时期我国经济发展着力点将放在实体经济上,持续推进产业基础高级化和产业链供应链现代化水平;产业升级的核心目标是加快发展现代产业体系,重点发展方向包括制造业转型升级、高质量供给和发展数字经济等。

发展数字经济成为未来我国实现高质量发展的关键和重要抓手。《规划纲要》用一篇、四章的内容勾勒出数字化发展新体系,建设数字中国是总目标,发展数字经济、建设数字社会和数字政府则是数字化发展的三个重要组成部分,也是主要的推进路径;此外还提出要营造良好数字生态,为建设数字中国提供政策和制度保障。"打造数字经济新优势"单独成章,并提出发展目标:将 2025 年数字经济核心产业增加值占 GDP 比重提升至 10%。

7.2　共同富裕:数字经济的价值指向

《规划纲要》将"坚持人民主体地位,坚持共同富裕方向"作为经济社会发展必须遵循的原则,并明确提出,"十四五"期间"全体人民共同富裕迈出坚实步伐",到 2035 年,"人民生活更加美好,人的全面发展、全体人民共同富裕取得更为明显的实质性进展",并明确提出了坚持居民收入增长和经济增长基本同步、劳动报酬提高和劳动生产率提高基本同步,持续提高低收入群体收入,扩大中等收入群体,更加积极有为地促进共同富裕。

2021 年 8 月，中央财经委员会第十次会议提出，要坚持以人民为中心的发展思想，在高质量发展中促进共同富裕。共同富裕是社会主义的本质要求，是中国特色现代化的重要特征。我国仍是世界上最大的发展中国家，仍处于并将长期处于社会主义初级阶段。促进共同富裕，必须立足于社会主义初级阶段这一最大国情，牢牢把握正确方向，把党中央决策部署贯彻落实好。要实现共同富裕，需要提高发展的平衡性、协调性、包容性，着力扩大中等收入群体规模，促进基本公共服务均等化，加强对高收入的规范和调节，促进人民精神生活共同富裕和促进农民农村共同富裕。共同富裕是全体人民的富裕，是人民群众物质生活和精神生活都富裕。人民对美好生活的向往，涵盖了经济、政治、文化、社会、生态环境等各方面，既要致力于缩小城乡、区域、居民收入差距、提高城乡居民收入，还要不断满足人民群众多样化、多层次、多方面的精神文化需求，个断增强文化自信。

高质量发展是共同富裕的重要基础，是持续提升经济发展水平、不断"做大蛋糕"的基本路径。经过多年努力，我国经济发展水平有了大幅提升，当前我国人均 GDP 已经越过 1 万美元大关。但还应看到，我国经济发展水平仍远低于中等发达国家水平，发展仍然是解决中国一切问题的基础和关键。没有高质量发展，实现共同富裕就成为无水之源、无本之木。共同富裕也是高质量发展的题中应有之义。只有让人民群众共享发展成果，才能更广泛地激发全社会推动发展的动力和活力，才能更有效地提高人民群众的获得感、幸福感、安全感。数字经济新业态不仅为新发展阶段经济增长提供了新动能，也为提高发展的平衡性、协调性和包容性提供了新的机制，成为在高质量发展中促进共同富裕的重要推动力。

数字经济有助于提高发展的平衡性和协调性。我国经济实现快速发展的同时，不同地区和区域之间差距仍然较大。数字技术、数据、信息都具有跨越地理和空间限制的优势，很容易实现跨区域流动，使得上下游产业链和相关企业在空间布局上可以更为分散。随着数字经济的发展，欠发达地区的企业可以获得更多的参与到数字经济新产业的机会。如东部地区云计算产业的快速发展需要大量的服务器，西部地区温度符合散热需求、土地价格便宜，在设立大数据服务中心方面具有明显优势，西部地区可以充分发挥这一地域优势，抓抢数字经济发展带来的新机遇。定制化网络平台的出现使得柔性生产、分布式生产成为现实，产业链布局超越空间限制而更加分散和区域化，使得区域均衡发展有了更多的产业支撑。日益发达的物流网络使得中西部生产要素得以更加优化和合理配置。以菜鸟网络为例，精准、高效、数字化的物流服务覆盖中西部地区，加速东西部地区生产要素双向流动和集聚。电子商务和物流网络的快速发展使得优质产品和服务可以以更低的成本在全国各地无差别流通和传递，有助于满足西部等欠发达地区的人们对更高品质消费的需求。

数字经济有助于全面推进乡村振兴。农村电子商务的发展不仅拓宽了农产品的销售渠道，而且带动了电子商务相关服务业的快速发展，为贫困地区脱贫致富提供了源源不断的动力。字节跳动平台发起的"山里 DOU 是好风光"项目，就是发挥网络平台的流量优势，对贫困地区的特色旅游景点进行流量推送，帮助打造贫困地区的"网红"景区，并吸引平台用户到这些景区旅游和消费，以最终实现促进贫困地区经济发展和增加农民收入的目的。随着互联网的普及和金融科技的发展，互联网金融服务弥补了传统金融服务的限制和不足，移动支付的发展大大缓解了传统金融服务网点少的问题，只要有信息网络覆盖的地方，偏远地区的居民也可以享受到便利的现代金融服务。北京大学数字普惠金融研究课题组的研究发现，从 2011 年到 2018 年，东西部地区移动支付覆盖率的差异下降了 15%。阿里巴巴脱贫基金启动一年来，国家级贫困县在阿里巴巴平台的网络销售额超过 630 亿元。平台经济发展能够创造一个有助于促进人与人协作和参与的生态系统，在跨越时空限制的更大范围内整合各类资源和生产要素，在平台协同下共同创造出新的价值。一大批平台企业崛起，为农村地区居民提供了更多灵活就业和获取收入的机会。商务部数据显示，到 2020 年 3 月，全国农村网商突破 1300 万家，吸引了大批农民工、大学生、退役军人返乡创业。

数字经济的发展为不同社会群体提供了更多的就业选择和提升就业技能的机会。技术进步加上灵活的就业模式，大大降低了就业门槛。平台上丰富的开放资源也提高了劳动者的就业能力。《世界发展报告 2016》显示，互联网平台为难以找到工作或生产性投入的人带来了更多机会，帮助女性、残障人士、贫困人口等弱势群体获得更好的就业创业机会。伴随着平台经济发展起来的一批互联网平台企业，为残疾人、老年人、低学历者、妇女、农村和偏远地区劳动者等提供了大量新的就业机会。各类平台在提升不同社会群体就业能力方面发挥着重要作用。以手机为代表的各类信息终端日益成为新农具，对就业群体的现代信息技术能力有了新的要求。近年来随着我国网络扶贫工作的持续推进，许多地方都探索建立起技术服务中心或示范基地，引导和鼓励电商龙头企业、能人大户、专业协会和贫困户对接，以线上视频、现场指导相结合等形式，传授农业技能和现代信息技术应用技能，不断提升农村地区人口使用现代信息技术实现就业和再就业的能力。一些政府部门和企业还组织农民通过手机直播学习先进种植技术。农业高科技公司也在网上推出了"战疫情、助春耕"系列直播课，水稻专家杨远柱亲自直播讲授杂交水稻知识，同时在线观看人数最高时接近 13 万人。直播间还陆续邀请了多位知名专家和业内人士，围绕种子销售和种植技术等进行直播指导。

数字经济发展有助于促进基本公共服务均等化。习近平总书记强调，要适应人民期待和需求，加快信息化服务普及，降低应用成本，为老百姓提供用得上、用得起、用得好的信息服务，让亿万人民在共享互联网发展成果上有更多获得感[51]。2018 年 9 月 29 日，国家发改委副主任张勇在国务院新闻办公室新闻发布会上介绍：《乡村振兴战略规划（2018—2022 年）》坚持乡村全面振兴，部署 82 项重大工程、重大计划、重大行动，提出推动城乡融合发展、加快城乡基础设施互联互通、推进城乡基本公共服务均等化的政策举措。基本公共服务均等化是指政府要为社会成员提供基本的、与经济社会发展水平相适应的、能够体现公平正义原则的、大致均等的公共产品和服务，是人们生存和发展最基本条件的均等化。基本公共服务均等化不是简单的平均化和无差异化，而是指全体民众不论其地域、民族、性别、职业、收入及社会地位的差异，都能公平可及地获得与经济社会发展水平相适应、结果大致均等的基本公共服务，所强调的核心是机会和效果的均等[52]。当前我国在基本公共服务均等化方面还面临着诸如基本公共服务总量不足、服务质量不高、公共服务供给效率低和政府行政管理成本较高等问题。

数字经济的快速发展正在推动传统政府向数字政府转型，并成为实现公共服务均等化的重要推动力。党的十八届三中全会拉开了"全面深化改革"、"推进国家治理体系和治理能力现代化"、实现"改革发展成果由人民共享"的序幕。建设服务型政府，推进公共服务均等

---

51 习近平. 在网络安全和信息化工作座谈会上的讲话［N］. 人民日报，2016.

52 胡祖才. 关于促进基本公共服务均等化的若干思考[J]. 宏观经济管理，2010(8)：16-19.

化，是实现"发展成果人民共享"的重要路径。特别是"互联网 + 政
务服务"的深入实施，在数字经济影响下，数字政府发展迅速，在政
府决策、民生服务和社会治理等多个领域引发了巨大变化，推动全社
会公共服务均等化水平不断提高。从公共服务的供给侧看，随着数字
经济的发展，政府不再是唯一的公共服务和产品的提供者，平台型企
业在满足社会对公共产品和服务的需要方面发挥越来越重要的作用。
在新型智慧城市和智慧社会建设过程中，政府主导、政企合作、社会
参与、市场化运作的多元化治理模式，日益成为具有巨大发展潜力的
可持续模式。在不同类型的公共服务供给主体广泛参与和共同努力
下，社会公共服务内容越来越丰富、方式越来越多样，使得更便捷优
质的公共服务覆盖到越来越多的社会公众。不同类型的数字政府建设
参与主体将围绕数据的采集、汇聚、分析应用等搭建起跨层级、跨地
域、跨系统、跨部门、跨业务的技术和应用系统，搭建统一对外服务
窗口。从公共服务的需求侧来看，新一代信息技术为公共服务发展提
供了必要的基础支撑，大大提高了公共服务的可获得性，降低了公
共服务的成本，增强了公共服务的社会感知，使公共服务随时、随
处、随需可得。尤其是个性化的精准公共服务平台的建设，利用大
数据对公共服务的用户进行精准画像，进而有针对性地推送用户关
注度高、与历史办理业务相关度高的公共服务，变被动式服务为主
动式服务，变普适化服务为精准化服务，提升用户对公共服务的满
意度和感知度。

7.3　打造中国版"数字守门人"

毫无疑问，在以实现高质量发展和共同富裕为基本目标和价值指
向的新发展阶段，数字经济将成为不可或缺的经济社会发展引擎。而

作为数字经济重要载体的平台企业，无疑将发挥新的作用，也面临着全新的政策与制度环境，承担着新的责任。对于平台或平台经济的重要作用，无论是理论研究还是实践发展，无论是社会公众的认识还是政府层面，都予以了充分的肯定。平台经济被看作"经济发展新动能，对优化资源配置、促进跨界融通发展和大众创业万众创新、推动产业升级、拓展消费市场尤其是增加就业，都有重要作用"。数字技术的应用对微观经济个体企业运营效率、中观层面的产业协作效率乃至宏观层面整个经济形态都带来了全新的发展机遇。中国信息通信研究院发布的报告显示，2015—2020 年，我国超 10 亿美元规模的互联网平台总价值由 7702 亿美元增长到 35043 亿美元，年均复合增长率达35.4%。

平台经济快速发展引发的一系列新的社会问题也在不断显现并亟待解决。一方面，平台企业自身在追求商业利益的同时出现了诸多社会责任缺失问题，甚至对经济社会发展造成了严重危害。曾引发广泛关注和争议的"魏则西事件"的背后反映了平台过度追求商业利益使得搜索竞价排名走向邪恶的一面。2018 年上半年连续发生的两起"顺风车"刑事案件，将一直处于高速发展中的网约车平台推向了风口浪尖，如何在实现商业利益与社会价值之间保持平衡，成为各界关注的焦点。平台之间恶性竞争甚至让用户进行"二选一"，平台过度收集、滥用甚至是非法泄露、倒卖用户个人信息的行为屡禁不止。另一方面，平台型企业对参与平台交易活动的供需双方的不当行为缺乏有效管理和约束，导致商家或用户通过平台所从事的活动对经济社会造成负面影响，这也是平台社会责任缺失的重要表现。

这就意味着，平台企业在发展过程中需要承担不同类型的责任，一方面是作为独立的市场主体需要承担的责任，另一方面对于其借助于网络等信息技术所构建起来的平台型内部交易市场也需要承担相应的主体责任。

早在 2019 年 8 月，《关于促进平台经济规范健康发展的指导意见》也明确提出，要"科学合理界定平台责任""明确平台在经营者信息核验、产品和服务质量、平台（含 App）索权、消费者权益保护、网络安全、数据安全、劳动者权益保护等方面的相应责任"，要"明确平台与平台内经营者的责任，加快研究出台平台尽职免责的具体办法，依法合理确定平台承担的责任"。

从实践层面看，不同种类的平台，发展阶段和规模不同，所提供的服务内容不同，对平台参与各方的影响和控制程度不同，整合和利用社会资源的程度也有很大差异，因此界定平台责任是非常复杂的问题，需要根据实际情况进行分类讨论。如提供出行服务的网约车平台与提供交易服务的电商平台就有很大的不同。出行服务过程与司乘双方的生命安全密切相关，而电子商务平台更多的是涉及商品和服务质量问题，基本不会直接伤害到人的生命财产安全。而且，在出行服务平台上，乘客下单、司机接单、如何定价等，都完全由平台控制；而在电商平台上，买方与卖方之间是否能达成交易，在很大程度上取决于平台上的商家。网约车平台对于参与各方具有更强的控制权和影响力。因此，综合考虑这些特点，出行服务平台就不能仅被看作提供信息撮合和中介服务的平台，其同样需要承担相应的安全生产责任。平台需要更深层次地介入司乘双方的交易过程中，包括从司机与车的准入审核，到司乘之间的供需匹配，到出行服务提供过程，以及交易结束后的反馈与相互评价等全流程。所以，对于平台责任的讨论必须分门别类进行。

2021 年 10 月 29 日，国家市场监督管理总局公布《互联网平台分类分级指南（征求意见稿）》（以下简称《分类分级指南》）和《互联网平台落实主体责任指南（征求意见稿）》（以下简称《主体责任指南》）。两份征求意见稿的出台，意味着对于平台企业的监管，不仅是事后的调查处罚，而是关口前移至事前的明确责任和义务、事中的监督规范等全链条监管。

《分类分级指南》有两大亮点：一是明确了平台分类分级的标准，二是首次确认了"超级平台"的概念及其具体标准。

平台分类以平台连接属性和主要功能为出发点，将互联网平台分为六大类：网络销售类平台、生活服务类平台、社交娱乐类平台、信息资讯类平台、金融服务类平台、计算应用类平台。关于平台分级，则是从平台的用户规模、业务种类、经济体量、限制能力方面出发，将互联网平台分为超级平台、大型平台和中小平台三级。

这里备受关注的是，"超级平台"这一概念在官方文件中得到确认：是指有超大用户规模、超广业务种类、超高经济体量和超强限制能力的平台。具体标准是指在中国的上年度年活跃用户不低于 5 亿个，核心业务至少涉及两类平台业务，上年年底市值（估值）不低于 10000 亿元人民币，具有超强的限制商户接触消费者（用户）的能力。"超级平台"这一概念的明确，从研究角度看，有助于推动理论界更加关注平台经济领域发展不平衡、竞争不充分等问题，深化人们对平台经济领域反垄断问题的认识；从研究角度看，有助于引导平台企业进一步认清自己的经济社会影响，认识到自己应当承担的责任和不能实施的行为底线，使其更加注重自身的行为规范和企业合规发展。

《主体责任指南》提出了平台企业应当承担的 35 条主体责任，从中不难看出，平台企业不仅要承担诸如数据管理、内部治理、风险防控、安全审计、内容管理、网络黑灰产治理、知识产权保护、自然人隐私与个人信息保护等经济和法律责任，还需要承担社会责任，如公平竞争示范、平等治理、开放生态、促进创新、环境保护、劳动者保护等，而且平台越大，责任越大。其中提到的专门针对超大平台的责任有 9 条。

如何明确超级平台的主体责任并进行有效监管，是当前世界各国都面临的新问题和新挑战。各国在数字经济、平台经济领域的立法节奏都在加快，涉及面广，重点基本都是用户权益保护、加强数据安全、维护国家安全。总的来说，在关于如何进行有效监管的许多问题上并没有达成共识，但对于那些体量较大、具有广泛经济社会影响、掌握关键性渠道资源的平台赋予更多责任，在这一点上，欧盟、美国等主要国家和地区的监管思路有一致性。

欧盟委员会于 2020 年 12 月 15 日发布《数字市场法（草案）》，提出了"守门人"的概念及其义务，在既有反垄断框架外对大型平台（"守门人"）进行约束，强调要加强对"守门人"的规制与监管，以防止科技巨头差异化对待企业和消费者，造成不公平的竞争环境。该法案根据业务规模（营业收入或市值）、用户数量、预期地位三大标准，判断大型平台企业是否是"守门人"：一是企业过去三个财政年度在欧洲经济区（EEA）实现的年营业额达到或超过 65 亿欧元，或在上个财政年度其平均市值或等值公平市价至少达 650 亿欧元，并在至少三个成员国提供核心平台服务；二是在上个财政年度，企业核心服务平台在欧盟建立或位于欧盟的月活跃终端用户超过 4500 万个，在欧盟的年活跃商业用户超过 1 万个；三是享有或预期享有稳固而持久的地位，在过去三个财政年度，企业每个年度都符合其他两个标准。如果上述条件没能满足，还可通过市场调查方法认定"守门人"。"守门人"的义务分为两类：规定性义务和限制性义务。规定性义务，如允许用户在"守门人"平台之外推广其服务、用户可以访问"守门人"平台活动所生成的数据、在特定情况下允许第三方与"守门人"的自有服务进行交互操作等，限制性义务，如不得阻止用户卸载任何预装软件或应用程序、不得限制用户获得"守门人"平台之外的服务等。该草案还对违法"守门人"设置高额罚款,违反规定的"守门人"可能被欧盟委员会处以最高可达其当年全球营业额 10% 的罚款和最高可达日均营业额 5% 的每日罚款。

欧盟发布的《数字服务法(草案)》则界定了数字服务的范畴,从内容、商品和服务等维度明确在线平台的责任和义务,以期保护用户的基本权利。该法案正式通过后,将适用于欧盟的在线中介服务提供者,主要涉及三类网络服务:一是提供网络基础结构的中介服务,即互联网访问提供商和域名注册商提供的服务;二是托管服务,包括云服务和网络托管服务;三是网上平台,包括在线市场、应用商店、协作经济平台和社交媒体平台等。其中,特别针对用户数量超过欧盟 4.5 亿个消费者 10% 的大型线上平台出台了特殊规则。根据《数字服务法》和《数字市场法》两部法案的提议规则,谷歌、Facebook、亚马逊和苹果等大型互联网平台要共享数据,并禁止在平台上实行自我优待。

美国斯蒂格勒中心 2019 年关于数字平台的最终报告中,把强制性互操作作为解决数字市场问题的主要方案,认为强制性互操作有助于降低头部企业的主导地位,并可通过增加用户的规模增大数据的社会价值。美国众议院司法委员会于 2021 年 6 月通过了《数据进入法案》(Access Act),目的就是拆除超级平台之间的"花园围墙",使用户有机会在相互兼容的平台之间切换不同的服务商。然而,数据互操作不同于如微软操作系统与第三方软件之间的协议互操作,也不同于如联通和移动之间的协议完全互操作,这里除了技术问题,还有网络安全、隐私保护和很多商业问题,例如,数据互操作的费用和相关的知识产权保护。不过这部法案要想获得最终通过,还需要很多程序和时间。

德国《反对限制竞争法》第 10 次修订稿 19a 条确立"显著跨市场竞争影响力经营者"并附加了特定义务，如被认定为具有跨市场竞争影响力经营者将被禁止自我优待、拒绝访问特定数据阻碍第三方进入、限制产品和数据的互操作性等行为。修正稿针对数字平台的中介角色更新了认定支配地位的规则。例如，平台是否在多边市场中起到积极的作用、其角色对于连通上下游市场的重要性等成为重要的考虑因素。此外，修正稿还修改了必要基础设施（essential facility）的规则，明确了具备支配地位的公司如果拒绝让竞争对手访问某些平台、数据或使用某些知识产权，则可能被视为滥用了自己的支配地位。

此外，美国众议院于 2021 年 6 月发布的系列反垄断新法草案提出了开放、非歧视等系列义务，适用对象限定为满足具体要求的大型平台。

此次我国提出平台分类分级标准，实际上是为进一步明确平台责任奠定基础。不同类型和级别的平台，由于其拥有的用户规模、可支配和调动的社会资源、对参与平台交易各方的控制力和影响力的不同，需要承担的责任自然也就有所不同。因而对平台企业的规范不能依据单一的制度框架进行笼统监管，需要在分类分级的基础上有更加针对性和精准性的制度措施。重点明确和厘清超级平台的责任，规范超级平台的公平竞争，可以为整体的平台治理提供有效的方案和参考，促进平台经济健康有序发展。当前我国数字经济、平台经济已经拥有相当的规模和体量，在相关的监管制度建设方面，也在积极探索和推进，关于平台分类分级标准、明确平台主体责任等两份文件的出台，有助于为破解平台经济治理这一世界性难题提出中国方案和贡献中国智慧。

7.4　企业社会责任与平台战略

20 世纪 20 年代，英国学者欧利文·谢尔顿开创性地将道德因素融入公司责任之中，提出了"企业社会责任"这一概念，提出企业在追求股东利益的过程中，需要考虑产业内外其他社会人的需求。20 世纪 50 年代，被称为"企业社会责任之父"的霍华德·伯文明确提出了企业社会责任的定义，即"企业家具有按照社会的目标和价值，依据相关的政策做出决策和采取相应的具体行动的义务"。之后的研究者在此基础上进一步具体化了企业社会责任的定义。一般说来，企业社会责任是指企业在创造利润、对股东承担法律责任的同时，还要承担对员工、消费者、社区和环境的责任。企业社会责任要求企业必须超越把利润作为唯一目标的理念，强调在生产和经营过程中对人的价值的关注和对社会的贡献。企业社会责任是企业长期利益的重要组成部分，企业需要重视自身所承担的社会责任。

企业履行社会责任的驱动力通常来自两个方面：一方面，受到外部制度的规制、约束和引导，既有政府部门强制性的制度要求，也有政府等相关部门发起的倡议性要求。如 2018 年 9 月 30 日，我国证监会正式发布修订后的《上市公司治理准则》。此次修订的重点包括几个方面：一是强化上市公司在环境保护、社会责任方面的引领作用；二是进一步加强对控股股东、实际控制人及其关联方的约束，更加注重中小投资者保护；三是确立环境、社会责任和公司治理（ESG）信息披露的基本框架；四是对上市公司在治理中面临的控制权稳定、独立董事履职、上市公司董监高评价与激励约束机制、强化信息披露等提出新要求。这些都对上市公司履行社会责任提出了强制性要求。2018 年商务部与有关部门印发了《企业绿色采购指南》，从采购原则、供应商选择、政府引导与行业规范等方面指导企业开展绿色采购；并推动有关协会和流通企业成立了"绿色采购联盟"，促进相关参与企业在供应商管理、可追溯系统、消费者教育、认证产品采购、服务采购等方面的合作，推动企业构建绿色供应链，促进绿色消费。推进绿色采购、促进绿色消费需要社会各界的广泛参与，商务部推动各方成立"绿色采购联盟"，目的就在于搭建开放合作平台和整合多方资源，不仅有助于促进相关参与企业在供应商管理、可追溯系统、消费者教育等方面的合作，同时还能参与发起制定实施相关行业标准和行业规范，为构建绿色供应链、促进绿色消费提供更加高效、更加规范、行动一致、共建共享的组织保障和制度支持。从长远看，实际上是通过绿色采购，督促和激励相关企业提升环境绩效、影响和传递终端消费者树立绿色生活方式。这些都是企业履行社会责任的外部驱动力。另一方面，是来自企业自主的内生动力。这种内生动力通常源于企业伦理与其道德力量的驱使，如基于对企业本质的认识，主动意识到企业在经营过程中不仅需要创造经济价值，还要注重其在环保、文化伦理、慈善等方面的社会价值。基于对自身与其他利益相关方的关系的理解，认识到企业需要在与利益相关方的互惠互利过程中实现共同的价值创造，从而主动承担相关的社会责任。

与传统企业相比，平台企业的社会责任又呈现出一些新的特点。社会责任的履行主体不仅是某个单一的企业个体，还是以平台为核心聚集形成的生态圈里的所有参与企业。为了适应瞬息万变的市场需求，弥补自身技术与资源不足，平台企业往往采用"小步快跑、迭代创新"的发展策略，积极推动横向业务拓展，开发增值服务，加强与用户的双向互动及跨领域合作。同时，平台企业积极利用掌握的用户资源、数据优势、技术优势，通过与用户、金融机构、政府、高校及其他企业等不同主体的协同互动，打造全链条生态系统。生态系统里的企业价值创造范畴不再仅追求经济价值，而是涵盖经济价值、社会价值、环保价值、创新价值等多个维度的综合性价值。

当前，在以高质量发展和共同富裕为发展目标的新发展阶段，我国一再强调"共同富裕是社会主义的本质要求，是人民群众的共同期盼"。党的十九届五中全会强调"扎实推动共同富裕"，在描绘 2035年基本实现社会主义现代化远景目标时，明确提出"全体人民共同富裕取得更为明显的实质性进展"，充分体现了以人民为中心的发展思想。党的十九大报告提出的 2035 年"全体人民共同富裕迈出坚实步伐"和 2050 年"全体人民共同富裕基本实现"的目标，为企业推动共同富裕和积极履行社会责任指明了方向。

平台企业尤其是大型平台纷纷行动起来，成为积极落实国家共同富裕战略的重要力量。2021 年 4 月，腾讯宣布投入 500 亿元升级"可持续社会价值创新战略"，8 月，再增投 500 亿元开启"共同富裕专项计划"。企业社会责任在腾讯公司战略中的分量越来越重，其成立了"可持续社会价值事业部"，4 个月连续规划投入 1000 亿元资金。腾讯表示，4 月投入的首期 500 亿元资金"可持续社会价值创新战略"，更多着眼于基础科学、教育创新、碳中和、FEW（食物、能源与水）、养老科技和公益数字化等领域的前瞻性探索。而"共同富裕专项计划"则更呼应当下关切，聚焦在带动低收入增收、帮助医疗救助完善、促进乡村经济增效、资助普惠教育共享等切实带后富、帮后富的领域，长期、持续提供支持。阿里巴巴也启动了"助力共同富裕十大行动"，将在 2025 年前累计投入 1000 亿元，助力共同富裕。为促进十大行动落地，阿里巴巴将成立一个专门的常设机构。阿里巴巴助力共同富裕十大行动将围绕五大方向展开：分别是科技创新、经济发展、高质量就业、弱势群体关爱和共同富裕发展基金。如在扶持中小微企业方面，公司将降低中小微企业日常运营成本、提供经营补贴等，推动中小微企业健康发展。为支持中小企业出海，公司将推动"跨境贸易绿色通道"建设等。值得关注的是，这些行动中涉及帮助提高灵活用工群体的福利保障，如提高快递员、骑手、网约车司机等商业保险的保障等。启动年轻人创业扶持计划，提供多样化的职业技能培训等。缩小数字鸿沟，加强弱势人群服务与保障，如推动更多特殊人群"云上就业"、优化老年人数字生活体验、建立儿童重疾救助基金等。

面向未来看，在新发展阶段，平台企业承担着多个方面的社会责任。国家市场监督管理总局于 2021 年 10 月公布的《互联网平台落实主体责任指南》（征求意见稿）强调了平台企业需要承担的多个方面的社会责任，如公平竞争示范、平等治理、开放生态、促进创新、环境保护、算法规制、劳动者保护等。

关于超大型平台的"开放生态"责任，要求超大型平台经营者应当在符合安全及相关主体权益保障的前提下，推动其提供的服务与其他平台经营者提供的服务具有互操作性。超大型平台经营者没有正当合理的理由，应当为符合条件的其他经营者和用户获取其提供的服务提供便利。这与当前我国正在大力推进的网络平台之间的互联互通相互呼应。2021 年 9 月工业和信息化部召开"屏蔽网址链接问题行政指导会"，要求各平台必须按合规标准解除屏蔽，否则将依法采取处置措施。把"开放生态"作为超大型平台经营者需要履行的主体责任提出来，意味着此前要求各大平台解除链接屏蔽仅是平台互联互通和互联网生态开放的一个起点，未来平台生态将进一步开放。打造开放共享的互联网生态还需要法律和制度层面的保障，加快构建明确数据确权、共创共享、数据安全等相关配套机制，在遵循法治精神与商业逻辑的基础上稳妥推进，以使平台及相关利益主体可以实现共赢。这将是一个在政府监管、行业自律、平台自治、社会监督下推进的系统工程和动态演化过程。在这个过程中，头部互联网企业所积累的技术实力和管理经验使其有能力为开放链接之后的互联网环境护航，而建设和维护互联互通的互联网生态也是头部企业们应当履行的社会责任。

"算法规制"责任要求互联网平台经营者利用其掌握的大数据进行产品推荐、订单分配、内容推送、价格形成、业绩考核、奖惩安排等运用时，需要遵守公平、公正、透明的原则，遵守法律法规，尊重社会公德和基本的科学伦理，不得侵害公民基本权利及企业合法权益。对算法的规制与约束目前已是监管热点。2021 年 9 月 29 日，国家互联网信息办公室、国家市场监督管理总局等九部委制定了《关于加强互联网信息服务算法综合治理的指导意见》，计划将利用三年左右时间，逐步建立治理机制健全、监管体系完善、算法生态规范的算法安全综合治理格局。10 月公布的《反垄断法（修正草案）》（征求意见稿）中也强调不得滥用数据、算法实施垄断。

"劳动者保护"责任则重点针对当前备受关注甚至是争议的平台灵活用工实践中存在的问题，强调"平台经营者应当承担相应的责任，保护从业者的身心健康、工作环境安全，以及获取公平、合理报酬和人身意外伤害保障的权利"。2021 年 7 月，国家市场监督管理总局等七部门联合印发《关于落实网络餐饮平台责任 切实维护外卖送餐员权益的指导意见》，从保障外卖小哥的劳动收入、劳动安全，再到优化就业环境、完善矛盾处置，对网络餐饮平台的主体责任和社会责任进行了细化。其中，网络餐饮平台"不得将最严算法作为考核要求"，彰显了社会对新业态从业者的尊重与关怀，凸显了压实餐饮外卖平台社会责任的基本要求。在线外卖是新业态新模式的典型代表，外卖小哥也被看作新就业形态劳动者的典型代表，因此这份指导意见的重要意义不仅在于为保障外卖小哥权益提供了依据，也为保障其他新就业形态劳动者权益提供了参照。事实上，包括平台配送员、网络运输平台上的货运司机等在内的很多新就业形态劳动者，都面临着劳动强度大、保障水平低、职业风险高等困境，目前相关的制度建设还在积极推进中，尚存在不少制度短板。在这种情况下，强化和压实平台企业的社会责任就显得尤为重要。

从实践层面看，依托平台生态系统，平台企业在履行社会责任、创造社会价值的过程中，其投入的资源除了传统意义上的生产要素，更加注重为平台生态圈和价值链上的企业赋能，通过生态体系内的资源共享而产生协同效应和价值溢出效应。阿里巴巴即使在其发展早期也强调，自己不是简单的电商平台，要赋能中小企业；腾讯提出"链接一切是为了赋能于人"；京东提出"以品牌为中心，通过全方位赋能带动品牌商实现全渠道销售增长"的战略；联想集团 CEO 杨元庆也曾在公开场合表示：人工智能（AI）引发第四次工业革命，联想要做推动者和赋能者。

新形势下我国中小微企业在数字化转型中仍面临诸多挑战，占GDP 比重近七成的中小微企业规模小，对信息化和数字化建设的投资少，相关技术人员匮乏，其整体信息化和数字化水平远落后于大型企业。2020 年国家发改委联合中央网信办等有关部门、国家数字经济创新发展试验区等 145 家单位，共同启动"数字化转型伙伴行动（2020）"。参与数字化转型伙伴行动的多个平台企业、行业龙头企业结合自身在核心技术和应用服务上的优势资源，纷纷推出中小企业帮扶计划，开放软件源代码、硬件设计和应用服务，帮助广大中小微企业借助数字化手段实现更好、更快发展。阿里巴巴依托阿里云飞象工业互联网平台、supET 工业互联网平台、飞龙工业互联网平台等，为 10 万个中小制造业企业推出"繁星计划"，提供从产品研发、生产制造、销售、物流仓储、能源管理等链路中所需要的全部应用和解决方案，其中阿里云数字工厂产品自使用之日起免费使用一年。百度开放区块链引擎，加速赋能中小企业的链上创新。支持中小企业用户使用云服务的方式一键式构建区块链应用，支持业务系统通过 API 的方式与区块链可信交互，降低上链门槛，针对初创企业提供有限时间的免费试用。此外，百度大脑 AI 开放平台中 240 项技术能力面向全社会企业、机构、开发者开放使用。京东启动"新动力"计划，免费为所有中小企业提供包括语音技术、文字识别、图像及视频理解、自然语音处理等技术领域的 40 余个人工智能 API 接口和成熟 AI 模型，支持每天 10 亿次以内的调用服务，同时，为中小企业客户免费提供采购数字化管理服务平台。腾讯启动"数字方舟"计划，从降低成本、引流拓客、设立专项基金、技术开源等方面重点帮助农、工、商、教、医、旅六大领域数字化转型，增强发展韧性。面向中小微企业提供开放普惠化的转型产品和服务，腾讯将在全国建设 10 个云启产业基地，扶持当地中小企业数字化转型；通过"企复计划"降低中小企业的上云成本，限期免费提供云基础资源。

平台经济时代，企业需要以"开放、合作、共赢"的思路拓展价值链和生态圈，并在持续为生态圈内的合作伙伴赋能的过程中更好地履行社会责任。这个过程实际上也有助于平台企业自身的品牌建设和市场拓展，企业社会责任与商业价值创造将越来越融合为一体。